生命，因閱讀而大好！

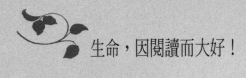 生命，因閱讀而大好！

生命，因閱讀而大好！

就要好品格。

100句教孩子處世的大智慧

沙磊 著

悅讀名言，
學到多元大能力！

　　辛勤的父母們，是否經常在腦海中描繪著孩子的未來呢？是律師？醫生？演員？軍人？還是教授？無論你希望孩子成為一位偉大的「大人物」，還是一個合格的「小人物」……為你的孩子樹立一個榜樣，就是成就這一切的第一步。

　　在這樣一個科技高速發展、競爭異常激烈的時代，家長對子女教育給予極高的期望。此外，現在的兒童更有個性，自我意識也更強，這都讓兒童教育成為受到社會普遍關注的難題。在借鑒西方心理學和行為科學先進經驗的同時，從中華民族的傳統文化中尋找智慧也不失為一劑良方。中華民族五千年歷史孕育出的傳統美德，本身就是一本百科全書的教科書。這本百科全書囊括了「學而不思則罔，思而不學則殆」的學習方法；「大勇若怯，大智若愚」的處世智慧；「海內存知己，天涯若比鄰」的交友良方；「窮則獨善其身，達則兼濟天下」的修身之道；「人法地，地法天，天法道，道法自然」的自然哲學。

　　《就要好品格——100句教孩子處世的大智慧》在總結這些傳統智慧的同時，還透過一則則名人故事，對名言傳達的智慧加以闡釋。每一位名人，都是一個成功的榜樣。名人之所以可以用來標榜，不只是因為取得了偉大的成就，更重要的，是他們在追求和探索的路上，有

著普通人沒有的良好品格，思想，智慧和行為習慣。名人案例具有深刻的典型性，對孩子來說，無疑是最好的行為示範！

我們從不缺少榜樣。麥可・菲爾普斯（Michael Fred Phelps II），在2008年北京奧運實現摘得8金的壯舉，再次證明天賦加上勤奮，可以創造奇蹟；同樣是在2008年的夏天，中華臺北跆拳道選手蘇麗文負傷力戰的頑強表現，為所有人做出堅毅的榜樣；2008年之後，美國黑人男孩的夢想，可以不再僅僅是成為NBA球員或是Jay-Z（本名蕭恩・蔻利・卡特，Shawn Corey Carter）一樣的饒舌歌手，他們還可以夢想成為美國總統！巴拉克・歐巴馬（Barack Hussein Obama II）在2008年用自己的親身經歷，向世人詮釋何謂「美國夢」。也許，比當選美國總統更為意義重大的，是歐巴馬帶給很多人信心，帶給他們「無畏的希望」！

正如美國知名企業奇異電器的前任執行長傑克・威爾許（Jack Welch）所說：「榜樣，對一個人的一生影響很大。從他們身上學習他們的智慧與長處，模仿他們、總結思維與方法，繼而激勵自己成材的決心。」具體的榜樣，永遠勝過枯燥的說教。

《就要好品格──100句教孩子處世的大智慧》正是希望透過將哲理與現實榜樣相結合，帶給孩子更多的感觸和啟發，幫助他們明確自己的方向。同時，也希望《就要好品格──100句教孩子處世的大智慧》對為人父母的你也會有所幫助，成為你培養孩子的有力助手！

就要好品格。

目錄

第四篇

修養，讓孩子提升視野！

第五篇

知音，讓孩子從友誼的鏡子，看見自己！

第六篇

讀書，讓孩子累積實力，邁向巔峰！

第七篇

處世，讓孩子修養自身，贏得尊重！

第八篇

多元能力，給孩子更寬廣的選擇！

壹

立志

讓孩子看得更高更遠！

 **名言01** *志當存高遠。*

——諸葛亮

名言解讀

做人，要擁有高尚而遠大的志向。

名人小檔案：諸葛亮

諸葛亮（西元 181—234 年），字孔明，號臥龍，琅邪陽都（今山東沂南）人。三國時期偉大的政治家、戰略家、軍事家、外交家。蜀漢丞相，諡曰忠武侯。

名人故事：志向遠大的諸葛亮

諸葛亮從小就立志要做出一番轟轟烈烈的事業，他在隆中躬耕時，飽讀詩書，深習韜略，遂有滿腹經綸，「每自比于管仲、樂毅」。號為臥龍，與龐統（號鳳雛）齊名，當時天下有言：「臥龍、鳳雛二者得一可安天下。」

建安十二年（西元207年），27歲的諸葛亮在劉備的「三顧茅廬」之下，決定出山輔佐劉備，並為劉備獻上著名的《隆中對》，可謂是「茅廬未出，便知天下三分」。

當時，劉備被曹操打得大敗，落荒而逃。諸葛亮可謂是「受命於敗軍之際，奉命於危難之間」。於是，諸葛亮主動出使東吳，並以他傑出的外交才能，成功促成「孫劉聯盟」，繼而在隨後發生的赤壁之戰中，以少勝多，一舉擊敗號稱擁軍80萬的曹操，為劉備奪取荊州，取西川，收漢中和建立蜀漢政權，立下不朽的功勳。

　　章武三年（西元223年）春，劉備在永安病危，臨終前召見諸葛亮，並對他說：「你的才能比曹丕要高十倍，必能安邦定國，劉禪若能夠輔佐，你就好好輔佐，但若不才，你可以取而代之。」諸葛亮聽完，哭道：「臣一定會忠心的輔佐幼主，死而後已！」這就是歷史上著名的「永安托孤」事件。

　　後主劉禪繼位時，正是蜀國國力衰微、內外交困之際，此時的諸葛亮又擔起重建蜀國的重任，他首先整頓蜀國內政，穩定民心，並與東吳聯盟。隨後親自率軍南征，並以攻心戰術，成功收服在南方叛亂的少數民族部落。

　　建興五年（西元227年），諸葛亮覺得時機已經成熟，便決定「統率三軍，北定中原……興復漢室，還於舊都」（《出師表》）。但由於蜀漢和曹魏的實力懸殊太大，所以諸葛亮的幾次北伐均無功而返，最後積勞成疾，病逝於五丈原軍中，享年54歲。

💡 孩子從故事裡學到了什麼？

　　諸葛亮「出師未捷身先死」，他「鞠躬盡瘁，死而後已」的獻身精神雖然還是無法扭轉蜀漢的衰敗，但其智慧的餘輝，卻始終照耀著歷史及後人；而他那遠大的志向，和為之至死不渝的執著，更在歷史上鑄起一座永恆的里程碑，足以楷模後世。

丈夫志不大，何以佐乾坤？

——邵謁

名言解讀

一個人如果沒有遠大的理想，又怎麼能成就偉大的事業呢？

名人小檔案：邵謁

邵謁（生卒年不詳），韶州翁源人，著有詩集一卷，《唐才子傳》傳於世，世稱「嶺南五才子之一」。早年在縣衙任小吏。一日，縣長令其鋪床接待客人，邵謁不應，縣長怒而斥之。邵謁割下頭髮，懸於縣門而去，發誓「學業不成有如髮」。後至羅江水（今翁江）河心小島上隱居攻讀。

名人故事：心有鴻鵠志，終成千古名

「快看，儀仗隊！」道路兩旁的人群齊齊跪下，同聲高喊：「萬歲萬萬歲！」原來，被儀仗隊簇擁著的正是一統天下的「千古一帝」——秦始皇。

在秦始皇威風凜凜的車馬儀仗過去後，人群中的一個少年十分認真的對身旁的叔父說：「彼可取而代之！」

當時，高高在上的秦始皇或許根本就沒有想到，多少年後，正是這個少年摧毀自己以為可以千秋萬世的秦王朝。這個與眾不同的少年，就是項羽。

項羽小時候對識字、練劍都沒有興趣。這讓叔父項梁十分生氣，責備他不求上進。項羽卻理直氣壯的反駁：「識字，能寫自己的姓名

就已足夠；劍術，不過只能對付一個敵人。我要學的，是能夠統帥千軍萬馬的本領！」項梁聽到這番話時非常震驚，明白項羽是個有遠大抱負的人，於是便開始教他兵法。

秦始皇的巡遊儀仗，為項羽改變了人生之路。秦二世元年（西元前209年），陳勝、吳廣在大澤鄉振臂一呼，揭竿而起，建立張楚政權。24歲的項羽，被人民起義的狂風暴雨推上歷史舞臺。在這次秦末戰國復活的大潮中，項羽展現出無雙的武藝、曠世的氣魄，成就了「西楚霸王」的威名。

雖然項羽最終並沒有成就如同秦始皇那樣的霸業，但是他的英雄氣概卻被千古傳頌。在距項羽烏江自刎1350年後，南宋女詞人李清照為他寫出一首盪氣迴腸的詩作：「生當作人傑，死亦為鬼雄。至今思項羽，不肯過江東。」李清照的這首詩，正是代表後人對項羽氣壯山河般英雄氣概的讚頌。

💡 孩子從故事裡學到了什麼？

一個人的生命是靠夢想支撐的，只要有夢想就能創造奇蹟。有什麼樣的夢想，就會有什麼樣的人生。夢想的高度，決定著人生成就的大小。讓我們以夢想為翅膀，飛得更高更遠，追求更加廣博的人生！

志不強者智不達。

——墨子

名言解讀

志向不堅定的人，智慧也不會通達。只有堅定的志向，才能給人無窮的智慧。

名人小檔案：墨子

墨子（約西元前 479 — 381 年），先秦時期墨家學派創始人，戰國時期著名思想家、政治家、軍事家、科學家。他曾提出「兼愛」、「非攻」等觀點，創立墨家學說，並有《墨子》一書傳世。

名人故事：我的字典裡沒有「放棄」

誰是最偉大的籃球明星？麥可・喬丹（Michael Jeffrey Jordan）絕對是最有競爭力的名字！這個擁有多枚NBA總冠軍戒指的籃球明星，確實有資格被稱做「偉大」。但你知道嗎，喬丹也曾遭遇過種種失敗，但正是對勝利的渴望和對理想的執著追求，使他不斷從失敗和挫折中站起來，最終邁向成功。

麥可・喬丹與籃球的緣分，開始於父親在自家後院修建的籃球場，他很快就迷戀上這項運動。1972年，當他第一次看到奧運會籃球賽時，便向母親宣稱：「總有一天，我要參加奧運會籃球賽！我要贏得金牌！」

然而，當喬丹進入高中籃球隊時，卻受到令他一生難忘的打擊。當時，經過一段時間的試訓後，校籃球隊公佈最新的校隊成員名單

時，喬丹卻沒有在名單上找到自己的名字。顯然，他被淘汰出局了。本來充滿自信的喬丹遭此重創，感到委屈極了，放學後他以最快的速度衝回家，把自己關在房間裡，大哭一場。

母親下班後，看到垂頭喪氣的喬丹，詢問他發生了什麼事情，喬丹便把自己被校隊淘汰的事情告訴了母親。母親對他說：「孩子，你可以接受失敗，但絕不可以放棄！你的理想，不就是去奪得奧運金牌嗎？繼續努力吧，兒子！」

第二天，喬丹鼓起勇氣，主動要求義務為上場的球員服務，並負責清理球場地板。他的誠意終於打動教練，允許他隨隊觀看比賽。後來，喬丹又經過一年的刻苦訓練，終於順利進入學校籃球隊，並開始自己傳奇的籃球生涯。

後來，喬丹在回憶起這件事時說：「對我來說，這是一件好事，因為它讓我知道失敗是多麼的不好受，所以我一定要取得成功。因為我的字典裡沒有『放棄』這個詞，我知道自己所追求的是什麼，我從來沒有停止向更高境界邁進的腳步。」

💡 孩子從故事裡學到了什麼？

麥可・喬丹有著驚人的籃球天賦，但他若在校隊落選後沒有繼續爭取，那麼這個世界將因此缺少一位巨星，我們也可能因此而少了一位偶像。一個人最可怕的不是失敗，而是在失敗的陰影中喪失勇氣。立下堅定的志向，並為之奮鬥，這才是成功的關鍵。

名言 04　燕雀安知鴻鵠之志哉？

──陳勝

名言解讀

平凡的人無法理解英雄人物的淩雲壯志，就像卑微的麻雀不會懂得大雁翱翔天空的志向。

名人小檔案：陳勝

陳勝（？─西元前208年），秦陽城人。秦二世元年七月，與吳廣率領戍卒九百人，在蘄縣大澤鄉揭竿而起，發動「大澤鄉起義」，揭開秦末農民起義的序幕。

名人故事：讓夢想照進現實

陳勝出身貧寒，從小就在地主之下做長工，由於長期的底層生活讓他深感壓迫剝削之苦，因此反抗之火開始在他心底萌發。

當時，秦朝的統治日趨殘暴，繁重的賦役讓百姓苦不堪言。有一天，陳勝對一起耕田的兄弟們說：「如果以後我富貴了，我不會忘記你們的。」大家都覺得陳勝是癡人說夢，因為他們認為，區區長工怎麼可能會有富貴的一天呢？陳勝聽罷，只是長歎一聲：「燕雀安知鴻鵠之志哉？」

秦二世元年七月，朝廷大舉徵兵去戍守漁陽，陳勝被任命為帶隊的屯長。他和其他900名囚犯在兩名官差的押送下，日夜兼程趕往漁陽。到大澤鄉時，隊伍遇到連天大雨，無法通行。按照秦朝律法，如果不能按時達到指定地點，所有的人都要被處斬。當其他人如熱鍋上

的螞蟻急得團團轉時，一個大膽的想法在陳勝的腦海中浮現。在這個生死存亡的危急關頭，他毅然決定謀劃起義，他說：「王侯將相，並不是生來就如此！」正是這個決定，讓陳勝掀起中國歷史上第一次農民起義的浪潮，為暴秦的瓦解立下不可磨滅的功勞。

孩子從故事裡學到了什麼？

陳勝不過是一介布衣，卻敢於為改變自己的命運而奮鬥。他讓人們懂得無論出身多麼貧寒，只有你有夢想，就可以改變自己的命運。所以，不管我們面臨多大的困難，都應該記住：夢有多大，人生的舞臺就有多廣。

名言
05

古之立大事者，不唯有超世之才，亦必有堅忍不拔之志。

—— 蘇軾

名言解讀

古代那些成就大事業的人，不但具有出類拔萃的才能，還一定具有堅定不移的志向。

名人小檔案：蘇軾

蘇軾（西元 1037 — 1101 年），字子瞻，又字和仲，號「東坡居士」，諡號「文忠」，眉州眉山（即今四川眉州）人，北宋第一大才子，為「唐宋八大家」之一。

名人故事：不滅的希望之星

有一天的中午，叔叔突然問身邊的侄子：「你長大想要做什麼呢？」

單純的小男孩聽到叔叔的問話，立刻興奮起來，滔滔不絕的發表起心中構想已久的偉大抱負：「我要去從軍，成為一名將軍，然後帶領法國的雄兵，征服整個歐洲，建立一個前所未有的超級帝國。而我，就是這個大帝國的皇帝！」小男孩越說越激動。

「哈哈哈！」叔叔被小侄子的志向逗得大笑不已：「開什麼玩笑呀！你所說的一切，全都是空想！想當法國皇帝？那是不可能的！我看啊，你長大之後，還是去當一個小說家，反倒更容易實現你的皇帝夢！」

　　小男孩面對叔叔的嘲諷，並沒有表現出絲毫的尷尬，也不覺得惱怒，反而靜靜的走到窗前，指著遠處的天邊，一臉嚴肅的問：「叔叔，你看到那顆星星了嗎？」

　　「什麼星星？現在是正午，怎麼會看到星星呢？孩子，你該不是瘋了吧？」叔叔茫然的問道。

　　小男孩搖了搖頭，鎮定的說道：「就是那顆星星啊！我真的看得到，它依然高掛在天邊，不分日夜，一直為我閃爍著，那是屬於我的希望之星；只要它存在一天，我的夢想就永遠不會破滅。」

　　的確，那顆屬於小男孩的希望之星從未破滅，而且一直引導著他奔向自己的夢想。

　　二十多年之後，這個男孩終於一鳴驚人，橫掃整個歐洲，成為法蘭西帝國的皇帝。那個男孩，就是拿破崙。

💡 **孩子從故事裡學到了什麼？**

　　拿破崙之所以能夠成為縱橫歐洲的英雄，與他在小的時候便心存鴻鵠之志，是息息相關的。更難能可貴的，是他對志向的執著，正是這種遠大的志向和不懈的堅持，成就了拿破崙的帝國夢。

名言 06 窮且益堅，不墜青雲之志。

——王勃

名言解讀

越是困難的時候越要堅強，永遠不放棄心中的理想。

名人小檔案：王勃

王勃（西元 649 — 675 年），字子安，唐代詩人，絳州龍門（今山西河津）人。與楊炯、盧照鄰、駱賓王合稱「初唐四傑」。

名人故事：忍辱負重，成就「史家筆」

司馬遷的祖上好幾代都擔任史官。司馬遷十歲時，就跟隨父親到長安，20 歲開始就遊歷各地，搜集史料、傳說，聽取民間故事，使他的眼界大大開闊。

元封三年（西元前 108 年），司馬遷被漢武帝任命為太史令，有機會接觸大量的圖書和國家檔案。於是，司馬遷如饑似渴的閱讀皇家圖書館的藏書、檔案和許多歷史資料。

身為太史令，司馬遷要完成的責任，就是記錄古代及當代的事情。同時，他也開始完成自己畢生的理想和父親司馬談的遺志——完成寫作《史記》的宏願。

然而，就在司馬遷躊躇滿志的著手撰寫《史記》時，一場災禍降臨到他的身上——由於司馬遷為投降匈奴的李陵辯護，因此遭受到殘酷的腐刑。

受刑後，司馬遷曾因難以承受這種非人的屈辱而打算自殺，可是當他想到自己的理想尚未完成時，他不得不忍受肉體和精神的雙重痛苦而堅強的活下來。經過十六年的努力，用盡一生的精力和積累，終於完成這部永遠閃耀著光輝的偉大著作──《史記》。

《史記》約52萬6千多字，記述從傳說中的黃帝至漢武帝太初年間上下3千年的歷史，被譽為「史家之絕唱，無韻之《離騷》。」

💡 **孩子從故事裡學到了什麼？**

因為擁有理想，生命才會精彩；因為執著，所以才會成功。理想就像是一盞明燈，讓即使身處黑暗的人也能看見前進的方向。而司馬遷在遭受到慘無人道的迫害後，正是對理想的堅持與不懈追求，才使他勇敢的活下來，最終完成《史記》這項偉大的鉅作。

名言 07 有志者，事竟成。

——范曄

名言解讀

無論遇到多麼艱難的事，只要堅定自己的志向，不懈努力，就能夠獲得成功。

名人小檔案：范曄

范曄（西元 398 — 445 年），字蔚宗，祖籍順陽（今河南南陽市淅川縣），後移居山陰（今浙江紹興市）。范曄是南朝劉宋時期的傑出史學家，史學名著《後漢書》的作者。

名人故事：用夢想激發生命的能量

現年已經 60 歲的美國著名探險家約翰・戈達德，是英國皇家地理協會會員和紐約探險家俱樂部的成員，他目前已經取得讓很多人羨慕的成就。而這些，正是很多探險家一生為之追求的榮譽。但是約翰・戈達德並沒有打算停止繼續完成目標的腳步，因為他的「MY LIFE TABLE」上，還有 11 個目標等待他去完成。

45 年前，當年僅 16 歲的約翰・戈達德，就將自己這一生中計畫要做的事情寫在一張清單上。他的這些夢想包括：到尼羅河、亞馬遜河探險；登上珠穆朗瑪峰、吉力馬札羅山和麥特荷恩山；追尋馬可・波羅（Marco Polo）和亞歷山大走過的足跡；在電影裡扮演健壯的英雄；讀完莎士比亞（William Shakespeare）、柏拉圖和亞里斯多德的著作；寫一本書；登上月球……等等，一共 127 個夢想。

當時，不論是約翰・戈達德的父親還是朋友，都覺得他是在癡人說夢。只有約翰自己心裡清楚，這張清單上的每一個夢想都是他要實現的：「這就是我的夢想，我要用自己的生命去一一完成它！」

45 年來，約翰・戈達德逐漸將自己清單上的夢想變成現實。 16 歲時，他抵達喬治亞州的奧克費諾基大沼澤；20 歲時，他在加勒比海、愛琴海和紅海潛水；21 歲時，他已經在 21 個國家留下自己的足跡……

現在，約翰・戈達德已經完成 106 個目標，而且他仍在為實現剩下的目標而努力。在談到自己成功的原因時，約翰・戈達德深有感觸的說：「人生就是目標，目標越多、越艱鉅，你的人生就會越有動力越輝煌，就像一個人，你只讓他耕一英畝的土地，和讓他耕十英畝的土地所激發出來的生命能量，是絕對不一樣的！」

💡 **孩子從故事裡學到了什麼？**

約翰・戈達德的故事又一次告訴我們，只要我們給自己一個目標，並拾起必勝的信念，勇敢的去開發我們最大的潛能，就一定能夠讓我們的生命開出最絢爛的花朵。

就要好品格。

孩子，我想跟你說……

乖一點！
別使性子啦！

貳

奮鬥

讓孩子勇往直前！

名言 08　千里之行，始於足下。

——老子

名言解讀

千里的行程，是從腳下第一步開始的；同樣，任何偉大事業的成功，也都是由小到大逐漸積累起來的。

名人小檔案：老子

老子（約西元前600年左右—前470年），姓李名耳，字伯陽，楚國苦縣厲鄉曲仁里（今河南省鹿邑縣東太清宮鎮）人，是道家學派的始祖，同時也是中國的哲學之父。老子的傳世著作只有五千餘言的《道德經》，是道家學派的主要經典著作。

名人故事：找到適合自己的那雙鞋

有一年的耶誕夜，一個鞋店老闆看見外面有個小男孩，眼巴巴的看著櫥窗裡面的鞋，老闆就走出去問小男孩：「聖誕快樂！我能幫你什麼嗎？」小男孩盯著櫥窗裡的皮鞋，說：「我想要一雙鞋，你能不能幫我告訴上帝，讓他賜給我這雙鞋？」老闆聽完，便把小男孩請到屋裡，用一盆熱水幫他把腳洗乾淨，然後拿出一雙襪子，對男孩說：「上帝說，他不能賜給你一雙鞋，他只能給你一雙襪子。」小男孩一聽，非常失望，但老闆並不在意，接著說：「每個人都希望上帝賜給他最想要的東西，但這一點上帝是做不到的。上帝所能夠做到的，就是當你需要種地的時候，他會給你一粒種子，然後讓你自己去耕耘。透過你的辛勤耕耘，最後莊稼豐收了，才是你收穫的時候。所以，上

帝不能給你想要的一雙鞋，只能給你一雙襪子，你可以穿著這雙襪子，去尋找最適合你人生的鞋。上帝還說，他將來會給你最豐厚的回報，但前提是你要堅持不懈的找下去。」於是，小男孩穿著鞋店老闆送的那雙新襪子走了。

三十多年後，又是一個聖誕的前夜，那個鞋店的老闆意外的收到一封陌生的來信，他打開信一看，只見上面非常客氣的寫道：

> 尊敬的先生和善良的太太：
> 你們還記得三十多年前，
> 在聖誕之夜找你們要鞋的那個小男孩嗎？
> 他非常感謝你們贈送給他的那雙襪子，
> 和比黃金還要珍貴的贈言，
> 他穿著這雙襪子經過三十多年的尋找，
> 終於找到適合他的鞋，
> 這鞋就是：美國的總統。
>
> 亞伯拉罕·林肯。

孩子從故事裡學到了什麼？

鞋店老闆給予小林肯的不僅僅是仁愛，更給了他一個走向成功的起點。但是，如果那個小男孩穿著襪子走後，不再決心尋找屬於他的那雙鞋，那麼他後來恐怕就沒有勇氣寫信給鞋店的老闆了。

鍥而舍之，朽木不折；
鍥而不捨，金石可鏤。

—— 荀子

名言解讀

雕刻一樣東西，如果只刻幾下就停止，即使是朽木也刻不斷；但如果不停的刻下去，就能將堅硬的金石刻成精美的器物。比喻做事要有恒心和毅力，才能獲得成功。

名人小檔案：荀子

荀子（西元前313─238年）名況，字卿，後避漢宣帝諱，改稱孫卿。戰國時期趙國猗氏（今山西安澤）人，著名思想家、文學家、政治家。荀子的思想學說以儒家為本，兼采道、法、名、墨諸家之長。

名人故事：擊出人生的高飛球

老虎·伍茲（Eldrick Tiger Woods），當今高爾夫球界的霸主，廣告商的寵兒，是一個連麥可·喬丹都崇拜的人。很多人認為他是受到上帝眷顧的天才，但其實在他成功的路上，也曾經有很多的障礙。

老虎·伍茲家裡有7個孩子，由於家裡的經濟條件很差，所以在他很小的時候就顯得特別瘦弱，而且似乎缺乏學習書本知識的天賦。有一天，他在電視上看到介紹有史以來最偉大的高爾夫運動員傑克·尼克勞斯（Jack William Nicklaus）的節目時，他眼前一亮，一個夢想也隨即在他的腦海中形成，他想：「我要成為像尼克勞斯一樣偉大的職業高爾夫運動員！」

　　當小伍茲把這個看似遙不可及的夢想告訴母親時。母親撫摸著他的頭，柔聲說：「兒子，當你成為優秀的高爾夫球手時，就給媽媽買棟別墅，好嗎？」於是，從那天起，伍茲每天都用父親給他做的球桿，將撿來的高爾夫球打進門口空地上的洞裡。

　　中學的體育教師李奇‧弗爾曼發現這個黑人少年的天賦後，就替伍茲支付三分之一的費用，送他到高爾夫球俱樂部練球。伍茲為了減輕家裡的經濟負擔，在上學之餘又悄悄跑到高爾夫球場幫那些有錢人撿球、提包包等，藉此賺一些小費，以補貼自己的學費。

　　高中畢業後，老虎‧伍茲得知有一艘豪華遊輪正在招服務生，每週有500美元，他動心了，覺得自己應該去賺錢養家。但是，當伍茲把這個想法告訴他的體育老師李奇‧弗爾曼時，弗爾曼立即問道：「我的孩子，你的夢想是什麼？」

　　「當一個像尼克勞斯一樣的高爾夫球手，給母親買一棟別墅。」伍茲囁嚅道。

　　「你現在就去工作，那麼，你的夢想呢？」李奇‧弗爾曼大聲叫道：「不錯，你馬上就可以每週賺到500美元，很了不起！但你的夢想，就只值這個數目嗎？」

　　李奇‧弗爾曼的話讓18歲的老虎‧伍茲猛然清醒。沒錯，他的夢想不是做一個只能養家糊口的服務生，而是要成為一名像尼克勞斯那樣偉大的高爾夫球手。

　　於是，伍茲又開始參加高爾夫球訓練。3年後，伍茲終於成為一名職業高爾夫球手，開始書寫屬於自己的高爾夫神話。當然，伍茲沒有忘記當年對母親的承諾，他在不同的地方，為母親買下5棟別墅。

> 💡 **孩子從故事裡學到了什麼？**
>
> 　　確立一個遠大的目標並不難，難的是如何以非凡的毅力堅持下去，才能真正實現自己的理想。雖然，我們知道，有時堅持下去也不一定能夠取得成功，但如果放棄，就沒有成功的機會。所以，如果你也有一個夢想，那麼就試著像老虎・伍茲一樣，為自己的夢想而奔跑吧！

名言 10

不經一番寒徹骨，
怎得梅花撲鼻香。

——馮夢龍

名言解讀

不經過一番寒冷徹骨的考驗，怎麼會有梅花那撲鼻的芳香呢？同樣的，人生也要經歷許多艱難困苦，才能獲得成功。

名人小檔案：馮夢龍

馮夢龍（西元 1574 — 1646 年）字猶龍，又字子猶，自號姑蘇詞奴，又號顧曲散人、墨憨齋主人。明代通俗文學家，戲曲家，為中國文學的發展做出卓越的貢獻。

名人故事：萬里足下後的綻放

《本草綱目》是中華醫學的瑰寶，被達爾文（Charles Robert Darwin）讚為「中國古代的百科全書」。全書共有 190 多萬字，記載 1,892 種藥物，分成 60 類，繪圖 1,100 多幅，並附有 11,000 多個藥方，成為中藥學的空前巨著。為撰寫這部醫學巨著，作者李時珍付出 30 多年的心血。

李時珍出生於中醫世家，家中三代為醫。由於當時醫生的社會地位非常低下，所以父親希望李時珍將來能夠考取功名。但科舉屢次不中的打擊和人民無錢醫病的現狀，讓他在 24 歲時走上行醫之路。

李時珍為增進自己的醫術，閱讀大量古醫籍。他不但閱讀 8 百餘種、上萬卷醫書，而且對經史百家、方志類書、稗官野史，也多有涉獵。透過閱讀和臨床實踐，李時珍發現古代的本草書籍存在不少問題，主要是由於有些作者沒有深入實地進行調查研究，而只是在前人的書本上抄來抄去，因而造成許多偏誤。於是，李時珍下決心重新編纂一部本草書籍。

從此，李時珍穿上草鞋，背起藥筐，遠涉深山，遍訪名醫，搜求民間驗方，觀察和收集藥物標本。李時珍每到一地，就虛心向當地人求教。他的足跡遍及湖北、湖南、江西、安徽、江蘇等地的名川大山，行程不下萬里。

就這樣，李時珍經過長期艱苦的實地調查，搞清藥物的許多疑難問題。經 3 次修改，終於在 61 歲時完成《本草綱目》這本醫學巨著。

孩子從故事裡學到了什麼？

李時珍以懸壺濟世的慈悲之心，和身為醫生的高度責任感，歷經 30 多年完成醫學巨著《本草綱目》。而生活在新時代的我們，或許景氣不佳、經濟大蕭條的消息時有所聞，但也可以把握機會和孩子談談，如何在困境中，仍舊懷著一種崇高的使命，為自己的理想而奮鬥。即使前途荊棘密佈、坎坷重重，但我們更應該看到，風雪中的臘梅，更具風骨。

天行健，君子以自強不息。

—— 易經

名言解讀

天道的運動是剛強勁健的，所以君子處世也應效法天道，自強不息，發憤圖強。

名著小檔案：《易經》

《易經》是中國周代的典籍，據《史記》記載，為周文王姬昌在獄中所做。被尊為「群經之首，諸子百家之源」。易經文化是中華文化發展的根本與源頭，對後世的政治、經濟、文化等諸多方面都產生巨大而深遠的影響，乃至影響到中華的民族性格與民族精神。

名人故事：奏出生命的最強樂章

1770年12月16日，一個男孩在萊茵河畔的小城波恩降生。他的祖父為孫子取名為路德維希‧范‧貝多芬（Ludwig van Beethoven）。當時，沒有人會想到，正是這個男孩，用音樂征服歐洲，征服世界。

貝多芬自幼便已顯露出他的音樂天才。8歲時，貝多芬開始在音樂會上表演，並嘗試作曲；12歲時，他已經能夠自如的演奏，並開始擔任管風琴師克里斯蒂安‧戈特洛寶‧奈弗（Christian Gottlob Neefe）的助手。奈弗是一位具有多方面天才的音樂家，他使貝多芬的藝術視野更加開闊，音樂知識更加豐富，對崇高理想的追求也變得更加堅定。

　　1787年4月，其貌不揚、短小精明的貝多芬前往維也納，拜見當時的大音樂家莫札特（Wolfgang Amadeus Mozart）。莫札特在聽完貝多芬的演奏後，大為驚歎，立即對在場的朋友說：「這個年輕人，將會在樂壇掀起狂瀾。」後來的事實證明，莫札特的預言很快就得到了驗證。

　　然而，正當貝多芬的音樂之路一片光明的時候，命運卻給他沉重的一擊。從1796年開始，貝多芬開始感到聽覺日漸衰弱，到1801年時，他被告知自己的耳疾無法醫治。對於一個音樂家來說，失聰無疑是致命的打擊，這使貝多芬陷入極度的苦痛和絕望中。因為害怕別人發覺自己已經失聰，貝多芬逐漸離群索居，變得越來越孤僻。

　　但貝多芬絕不是一個容易被命運擊倒的人，正是對音樂藝術的愛和對生活的愛，使他戰勝了這些苦痛和絕望，並將苦難變成他的創作泉源。他開始將內心蘊藏著的豐富感情放在作品創作之中，並以《英雄交響曲》、《命運交響曲》向厄運發出強而有力的反擊，開啟他創作的「英雄年代」。

　　在生命的最後10年中，貝多芬仍以鋼鐵般的毅力完成《第九交響曲》，將自己的創作生涯推向輝煌的巔峰。

　　1827年3月26日，貝多芬在維也納辭世。他的墓碑上刻著奧地利詩人格利爾巴采的題詞：「當你站在他的靈柩跟前的時候，籠罩著你的並不是志頹氣喪，而是一種崇高的感情；對他這樣一個人才，我們可以說：『他完成了偉大的事業』。」

💡 孩子從故事裡學到了什麼？

　　貝多芬的一生，充滿孤寂、殘疾、顛沛，但他的音樂卻細膩、超凡、和諧，他的人生也因此而豐富壯闊。的確，世界不曾帶給他歡樂，他卻創造歡樂給予世界！這正如他的那句誓言：「由痛苦換來歡樂。」也許我們的命運裡有時會缺少陽光，但我們不必因此而沮喪和絕望。只要還擁有一顆跳動的心，即使在黑暗時，我們仍然可以看到光亮，看到未來的希望。

名言 12

天將降大任於斯人也，必先苦其心志，勞其筋骨，餓其體膚，空乏其身，行拂亂其所為，所以動心忍性，增益其所不能。

——孟子

名言解讀

上天對於那些要承擔重大責任的人，一定要先使他的內心痛苦，使他的筋骨勞累，使他經受饑餓，以致肌膚消瘦，使他受貧困之苦，使他做事顛倒錯亂，總不如意。透過這些來使他的內心警覺，使他的性格堅定，增加他的才能。

名人小檔案：玄奘

玄奘（西元602年－664年），唐朝著名的三藏法師，漢傳佛教史上最偉大的譯經師，中國佛教法相唯識宗創始人。俗姓陳，名禕，出生於河南洛陽洛州緱氏縣（今河南省偃師市南境）。他也是中國著名古典小說《西遊記》中心人物唐僧的原型。

名人故事：前往人生的聖地

「四大名著」之一的《西遊記》，讓唐僧西天取經的故事眾人皆知。然而，西天取經這樣一件偉大的事情，並不僅僅發生在傳說之中。事實上，唐代高僧玄奘就獨自完成從印度取經回朝的壯舉。

玄奘生於西元 602 年，俗名叫陳禕，河南偃師人。他自幼聰慧超群，勤奮好學。13 歲時被朝廷破格錄取，在洛陽淨土寺剃度為僧。出家後，他牢記自己「遠紹如來，近光遺法」的志向，刻苦學習佛經。為增進學識，玄奘先後遍訪十餘位高僧，足跡遍佈全國十餘個省，窮盡各家學說，成績卓著。

中國的佛教典籍來源於僧侶對梵文佛經的翻譯。由於語言、文化等多方面的障礙，翻譯時難免會出現殘缺、歧義。由於出現教義的歧義，關於佛經的爭論便由此產生，而各個不同的佛教流派也在爭論中誕生。玄奘所在的唐朝，就存在許多佛教派別。

為解疑釋惑，弘揚佛法，玄奘決心去佛教的發源地——天竺取經。然而，就在玄奘向朝廷申請前往天竺取經時，卻被拒絕了。但玄奘西行的決心並沒有因此而動搖，終於在貞觀二年等到機會，踏上西去的征途。

玄奘的西行之路可謂是困難重重。面對著茫茫的大漠，結隊而行的人群都經常在荒漠中迷路，而玄奘卻孤身一人，其危險程度可想而知。西行一路杳無人煙，玄奘只有以自己的影子為伴，口渴了就喝一口皮囊裡的水，睏倦時就偎著馬歇息。玄奘在大沙漠中前行 100 多里後，還是迷失方向了。而此時，大皮囊裡已經無水可喝。沙漠裡，白天狂風捲著沙石打來，連眼睛也睜不開；晚上寒風如鋼刀，難以入

眠。雖艱險萬分，但玄奘始終銘記臨行前的誓言：「為求大法，西去若不至婆羅門國決不東歸，就是死在途中，也決不悔恨！」

憑藉著這樣的頑強毅力，玄奘終於在第二年達到印度。他在印度遍訪佛都古跡，求師訪友，學習梵文。在闊別長安 18 年後，玄奘終於帶著 657 部佛經回到大唐。

💡 **孩子從故事裡學到了什麼？**

玄奘法師帶回來的不僅僅是佛學經典，更是堅韌頑強的奮鬥精神。在起起伏伏的人生征途上，只要信念之燈永不熄滅，只要勇敢的心持續跳動，終有一天，你也會到達自己生命中的聖地，去感受披荊斬棘後的喜悅，去體會完成使命後的寬慰。

名言 13

業精於勤，荒於嬉；
行成於思，毀於隨。

—— 韓愈

名言解讀

學業由於勤奮而精通，卻在嬉笑聲中荒廢；事情由於反覆思考而成功，卻能在隨意的舉動中毀滅。

名人小檔案：韓愈

韓愈（西元 768 — 824 年）字退之，唐代文學家、哲學家。祖籍河北昌黎，世稱韓昌黎。因韓愈官至吏部侍郎，又稱韓吏部，諡號「文」，是唐代古文運動的宣導者。

名人故事：勤奮讓天賦發光

王獻之是東晉大書法家王羲之的第 7 個兒子。小時候的王獻之機警聰敏，5、6 歲就能夠出口成章，尤其對書法繪畫十分喜歡。王獻之深受父母的疼愛，周圍人也對王獻之的書法繪畫才華讚不絕口，久而久之，小獻之自然開始沾沾自喜，漸漸開始懈怠。

有一次，王獻之又寫了一幅字，然後拿給王羲之看，希望父親能夠誇讚自己。然而，王羲之看完那幅字後，只是拿起筆來在其中的一個「大」字下面加了一點，把那個「大」字變成了「太」字。

王獻之沒有得到父親的誇讚，多少有些失望，但他又把希望寄託在媽媽的身上，心想媽媽一定會誇自己的字寫得很棒。然而，沒想到

母親只是掃了那幅字一眼，就指著那個「太」字的下面一點，對王獻之說：「只有一『點』寫得像你的父親。」王獻之一聽，頓時羞得滿臉通紅，知道自己的字和父親的字還差得很遠。

於是，王獻之又乖乖回到父親的面前，謙虛的向父親請教。王羲之往院子裡一指，對王獻之說：「看到那十八缸水嗎？只要你天天練、月月練、年年練，把那十八缸水用完，就能把字練好了。」

聽了父親的話，王獻之終於靜下心來，勤學苦練，最後終於成為與父親王羲之齊名的大書法家，並稱為「二王」。

孩子從故事裡學到了什麼？

如果沒有十八缸水的磨練，王獻之的天賦，可能反而成為他成功路上的絆腳石，更不會取得與父親齊名的藝術成就與聲望。可見，如果有天賦，勤奮將使你如虎添翼；如果沒有天賦，那麼勤奮將是幫助你實現夢想的途徑。

光陰

讓孩子積極把握時間！

名言 14

百金買駿馬，千金買美人，萬金買高爵，何處買青春？

——屈原

名言解讀

百金可以買到世間少見的千里馬，千金可以得到傾國傾城的美人，萬金則可以讓你得到高官厚祿，但是寶貴的青春時光卻是無價的，無論用多少錢也換不回。

名人小檔案：屈原

屈原（約西元前 340 年—前 278 年），名平，字原。戰國末期楚國丹陽人。他是中國最偉大的浪漫主義詩人之一，開創「楚辭」之先河，代表作主要有《離騷》、《九歌》、《天問》等。

名人故事：用青春為成功鋪路

朱元璋是大明王朝的開國皇帝，史稱明太祖。然而，朱元璋這個皇帝，卻不是出身皇親貴冑，而且出身於社會的最底層。

朱元璋小的時候，由於家境貧寒，連私塾都沒有念過。他只好利用放牛的時間躲在私塾的窗外聽老師授課，還屢屢被教書先生趕走。但他並沒有因此而放棄學習的機會，只要一有空，朱元璋就趴在牛背上看書、溫習功課。等到小夥伴們放學後，他還會再向他們請教。

有的小夥伴無法理解，對他說：「你啊，真是有福不會享！沒有人逼你讀書，你就可以天天玩了。不像我們，每天都要做功課，還要接受老師的檢查。」

「怎麼這麼說呢？你們看天下凡是做大事的人，哪一個是不會讀書寫字的？」

「你不過是一個放牛童，能做什麼大事啊？」小夥伴們譏笑著說。

「你們以為我會一輩子放牛嗎？我長大後，一定會做出一番大事業的。」

「那就等你不再放牛時，再學習吧。」

「那就太遲啦！很多人在我們這樣年紀的時候，就已經樹立遠大的理想。我已經落後很多，要努力追趕才行！」

西元1368年，朱元璋統馭千軍橫掃六合，建立起一個赫赫有名的大明王朝，從放牛童變成明朝的開國皇帝，而他的那些小夥伴也大多成為他的大將和軍師。

💡 孩子從故事裡學到了什麼？

放牛童出身的朱元璋沒有千金，更沒有萬金，卻得到千金、萬金都買不到的天下，因為他把握住無價的青春時光。可見，青春是寶貴的，只有在青春時播種，才能在今後的人生中收穫結實累累的碩果。

名言15 勸君莫惜金縷衣，
勸君惜取少年時。

——杜秋娘

名言解讀

不要因金銀珠寶等身外之物的損失而感到可惜，只有少年時光的虛度才最應該讓人扼腕歎息。

名人小檔案：杜秋娘

杜秋娘，生卒年代不詳，金陵（今江蘇南京）女子，善歌《金縷衣》曲。

名人故事：人生的墨梅

王冕雖然天資聰穎，但由於自幼家貧，沒有錢去學堂讀書。鄉裡有一所學堂，王冕聽到朗朗的讀書聲時，心裡很羨慕。他常常偷偷跑進學堂，去聽學生念書，默默的記在心裡，有時還向老師借書來讀。

有一天，當王冕回家後，父親問：「你的牛呢？」

「啊？」直到此時，小王冕才想起自己放的牛來。

父親看到王冕把牛弄丟了，十分生氣，拿起棍子就要打他。

「這孩子想讀書想得這樣入迷，何不由著他呢？」王冕的母親在一旁勸住了正在氣頭上的父親。

原來，由於滿腦子都想著從學堂上聽到的知識，傍晚回家時，王冕竟完全忘記放牛的事情。後來，為了充分利用時間溫習學來的知識，並能夠更安心的學習，王冕一到晚上就跑到佛寺長明燈下苦讀。

有一天，正是黃梅時節，天氣燥熱，王冕感到很疲倦，在綠草地上休息時。突然，下起一陣雨。大雨過後，那黑雲邊上鑲著白雲，漸漸散去，透出一束光來，照耀得滿湖通紅。湖裡的荷花和荷葉卻被雨水沖洗得非常乾淨，荷葉上水珠滾滾。王冕看後非常喜愛，心想：「古人說『人在畫圖中』，果然不錯。」於是王冕立即用身上的一點錢買紙和筆，開始作畫。起初畫得不好，但王冕並不氣餒，經過一段時間的刻苦努力，王冕筆下的荷花，不論形、神，都達到很高的藝術水準。不久，全縣的人都知道有一個擅長畫荷花的名筆，於是開始有人慕名前來向他求畫。但王冕並沒有因為取得這些成績而驕傲，相反的，他更加虛心學習，最後終於成為一代畫家。

「我家洗硯池頭樹，朵朵花開淡墨痕。不要人誇顏色好，只留清氣滿乾坤。」《墨梅》這首詩不僅反映了他所畫的梅花的風格，也反映了作者的高尚雅趣和淡泊名利的胸襟，鮮明的表明了不向世俗獻媚的堅貞、純潔的操守。

💡 孩子從故事裡學到了什麼？

王冕能夠成為一代大家，絕對不是偶然，而是與他從小就專心致志的學習息息相關。所以，我們一定要珍惜少年時光，努力學習，才能為今後揚帆破浪樹立起高聳的燈塔。

名言16 題詩寄汝非無意，
莫負青春取自慚。

——于謙

名言解讀

贈這首詩給你並不是沒有特別的意義，希望你不要辜負美好的青春時光，而讓自己感到後悔。

名人小檔案：于謙

于謙（西元1398—1457年），字廷益，浙江錢塘人，明朝名臣，著名的民族英雄。

名人故事：浪子回頭的化學家

法國有一位出生在富翁家庭的年輕人，小時候就整日遊手好閒、不思進取。但由於他相貌出眾、家產豐厚，所以深得許多女孩子喜愛。直到21歲時，他仍然毫無志向，過著揮金如土、花天酒地的生活。

然而，在一次宴會上，年輕人對一位美麗端莊、氣質非凡的波多麗女伯爵一見鍾情，改變了他的命運。年輕人自以為憑藉英俊的相貌和富足的家產，一定能輕而易舉搏得女伯爵的青睞。但他萬萬沒有想到，當他向女伯爵示愛時，女伯爵卻露出鄙夷的神態，冷冷的警告他：「請站遠一點，我最討厭花花公子擋住我的視線！」從小就被寵慣了的年輕人頓時感到羞愧難當，往日的威風和驕傲被一掃而空。

這一次的打擊，終於讓年輕人不斷回憶反省過去的行為，並且感到無比慚愧。因為他終於悔悟，自己的所作所為其實是在虛度時間。

年輕人不想繼續荒廢青春，於是憤然離家，獨自來到里昂，隱姓埋名並刻苦攻讀，把大部分的時間和精力都耗在圖書館裡。因為他知道，自己已經浪費太多的青春年華，只有付出十倍的努力，才能追上青春的末班車。

他的勤奮在不知不覺中感動了著名的有機化學教授——菲力浦‧巴爾。從此，他得到巴爾教授的悉心教導，並進行各種實驗，使年輕人從實驗中不斷獲得新的啟示，最終發明出以他的名字命名的「格式試劑」。憑藉此項發明，以及諸多研究論著，他終於在1912年獲得瑞典皇家科學院頒發的諾貝爾獎。此時，他終於收到那位波多麗女伯爵的祝賀信，並表達對他的敬佩之情。

這位年輕人就是法國著名的化學家——維克多‧格林尼亞。

💡 **孩子從故事裡學到了什麼？**

維克多‧格林尼亞曾經一度浪費掉寶貴的青春，但幸運的是，當意識到這一點時，他開始急起直追，最後終於有所成就。但如果不是那一次在宴會上的遭遇，或許格林尼亞就這樣將自己的青春揮霍一空，最後為此而抱憾終生。

名言 17　白日莫閒過，青春不再來。

——林寬

名言解讀

白天的時間不要過於悠閒的浪費掉，青春的光陰只有一次，過去了就不會再回來。

名人小檔案：司馬光

司馬光（西元 1019 — 1086 年），字君實，號迂叟，世稱涑水先生。北宋陝州夏縣涑水鄉人，出生於河南省光山縣。北宋時期著名的政治家、史學家和文學家，主持編寫《資治通鑒》。

名人故事： 司馬光和他的「警枕」

司馬光是北宋時代著名的政治家、史學家和文學家，而他所取得的這些成就，與兒時的勤奮苦讀是分不開的。

兒時的司馬光和兄弟們一同學習，但是他的記憶力並不好，別人只要讀 3、5 遍就能背熟的短文，司馬光卻要讀 10 遍、20 遍才能背下來。於是，當哥哥、弟弟們讀上一會兒書，能夠背誦個大部分就到屋外去玩耍時，司馬光卻把自己關在屋子裡，一遍又一遍的誦讀古代的經典文章，直到闔上書本也能夠流利的背誦為止。久而久之，司馬光養成一個讀書的好習慣，那就是讀書總要多讀幾遍，背得也要比別人熟練。

司馬光也曾經是個「瞌睡蟲」。正值年少的司馬光，由於白天學習過於刻苦，所以一到晚上時，眼睛就張不開。只要一躺到床上便呼呼大睡，一直睡到第二天太陽高掛才起得了床。司馬光覺得這樣實在浪費很多寶貴的學習時間，於是他又想出一個主意，就是把平時用的枕頭替換成一段圓木。這樣，只要睡到半夜，一翻身或者稍一移動，枕頭就會滾走，頭部一落空，自然就會醒過來。用了這個辦法後，司馬光果然再也沒有睡過頭。天長日久，司馬光漸漸的喜歡上自己做的這個圓木枕頭，並給它起名叫做「警枕」，以此時刻提醒自己。

司馬光的勤奮苦讀，終於使他積累豐富的知識，成為北宋學識淵博的文學家和歷史學家，也為日後編纂巨著《資治通鑑》打下堅實的基礎。

> 💡 **孩子從故事裡學到了什麼？**
>
> 司馬光雖然沒有先天的優勢，但是他卻把握了青春時光，從不曾虛度，終於功成名就。的確，青春的時光是短暫的，如果你把它用在放縱和玩樂之中，那麼它就如同白駒過隙，一去不返；如果你把它用在學習和思考之中，那麼它就是你走向成功的寶貴積蓄。

名言18　黑髮不知勤學早，白髮方悔讀書遲。

——顏真卿

名言解讀

年輕時不知道要提早勤奮的學習，到年老的時候才知道悔恨，想要開始讀書卻已心有餘而力不足，已經太遲了。

名人小檔案：顏真卿

顏真卿（西元709─785年），字清臣，琅琊孝悌里（今臨沂市費縣）人，唐代著名政治家、書法家。顏真卿書法初學褚遂良，後學張旭，50歲以後才形成剛勁、雄渾的顯著風格。其書品與人品頗為貼合。宋人推崇顏真卿的人品，好學顏體。在蘇軾、黃庭堅看來，顏真卿繼承了王羲之的變法精神，是唐朝書法的改革家。

名人故事：師曠答晉平公

春秋時期，晉國有一個叫做師曠的盲人。他雖然雙目失明，看不見東西，但卻十分熱愛學習，尤其是在音樂方面，具有很深的造詣，成為當時聞名天下的樂師。

晉國的君主晉平公也是一位十分喜愛音樂的人，於是他派人把師曠請到宮裡來，想要向他學習音樂。晉平公見到師曠後，就說道：「我今年已經70歲了，很想學習音樂，可是又擔心自己的年紀太大，學不好。你說，我現在才開始學習，是不是已經為時已晚？」

　　師曠並沒有直接回答晉平公，而且反問道：「既然已經晚了，大王為什麼不點起蠟燭呢？」晉平公不明白師曠的意思，以為他是在答非所問，心裡很不高興，指責他說：「你竟然如此大膽！我和你講正經事，虛心向你請教，可是你身為臣子，居然和本王開玩笑！」

　　師曠回答說：「我不過是一個看不見東西的臣子，哪敢跟大王開玩笑呢？我曾經聽人說，少年時學習，就像太陽從東方剛剛升起，光芒萬丈；壯年時學習，就像正午時分，烈日當空；而年老時才想到學習，那麼光亮只能像夜晚的蠟燭，那微弱的燭光是遠遠比不上太陽的。但是，即使只擁有這樣的光亮，也遠遠勝過在黑暗中摸索。」晉平公聽了師曠的話，頻頻點頭稱是。

　　後來，有人就這件事情向師曠請教：「晉平公真的能夠學好音樂嗎？」師曠回答說：「其實人到暮年再去學習，很難取得很大的成就，由於大王年事已高，我怕他過於悔恨懊惱，所以才說這番話安慰他。人只有在年輕時的時候，珍惜大好的時光，努力去學習才是最佳的選擇，年老時才不會留下遺憾。」

💡 孩子從故事裡學到了什麼？

　　師曠的眼睛雖然看不見，但他卻心細如絲，深知人生學習的道理。青春年少時，人的記憶力和精力最為旺盛，也是學習的黃金時間。只要充分利用這一段寶貴的時間，必然會有很多的收穫，而這些收穫也必將讓我們受用終生。

名言 19

少年易學老難成，
一寸光陰不可輕。

——朱熹

名言解讀

年輕的時候容易學習知識，到老年再學習就很難有所成。所以每一寸青春的光陰都要珍惜，好好利用。

名人小檔案：朱熹

朱熹（西元1130年－1200年），小名沈郎，小字季延，字元晦，又曰仲晦，號晦庵，晚稱晦翁，又稱滄州病叟、雲谷老人，南宋理學家，是程顥、程頤的三傳弟子李侗的學生。實為宋代理學的集大成者，尊稱為「朱子」。

名人故事：螢光照亮成功

東晉時，有一位叫做車胤的少年十分好學。他的祖父曾經擔任過會稽的太守，父親也在郡中擔任主簿。可是後來家道中落，使得車胤的家境一貧如洗。然而，家庭境況的變故卻無法改變車胤的志向，更無法降低他學習的熱忱，仍然孜孜不倦的博覽群書。

當時，由於車胤的家裡很窮，所以家裡唯一的油燈也要儘量省著用，只要天一黑，他就沒辦法繼續讀書了。車胤對於漫長的夜晚被荒廢掉，感到十分心疼，卻又苦於找不到好的解決辦法。

在一個夏天的夜晚，車胤坐在門外，仰望著群星閃爍的夜空，心裡默默的背誦白天學習過的內容。忽然眼前一亮，有幾隻螢火蟲忽暗忽閃的飛過，點點的螢光在黑夜中彷彿星星一般明亮。他靈機一動，這些螢火蟲不正像是一盞盞小燈籠嗎？雖然一隻小螢火蟲的光亮很微弱，但如果把它們的光聚集起來，不就是一盞很明亮的燈嗎？於是車胤找來一個很薄的布袋子，捉來許多螢火蟲，把它們放進袋子裡，再把袋子吊起來。一盞明亮的「燈」就這樣被車胤製成了。

從此，車胤就靠著這盞「燈」，苦讀到深夜，學識與日俱增，最後終於成為知識淵博的當朝名臣。

💡 **孩子從故事裡學到了什麼？**

如果在今天，車胤一定會被譽為「小發明家」，而促使他進行這項發明的原因，並不是出於好奇，也不是覺得好玩，而是為自己的學習創造更好的條件。可見，只要我們珍惜美好的時光，往往會有意外的驚喜。

孩子，我想跟你說……

乖一點！
別使性子啦！

肆　修養

讓孩子提升視野！

名言
20

吾日三省吾身：為人謀而有不忠者乎？與朋友交而有不信者乎？師之所傳而有不習者乎？

——曾子《論語，學而》

名言解讀

我每天都以三件事來自我反省：我替別人做事，是否盡心盡力？我和朋友交往是否做到以誠相待？我是否把老師所傳授的知識都複習過？

名人小檔案：曾參

曾參（西元前505年－前435年），字子輿，春秋末期魯國南武城（今山東省平邑縣）人，孔子的弟子，世稱「曾子」。曾提出「吾日三省吾身」（《論語·學而》）的修養方法，相傳他著述有《大學》、《孝經》等儒家經典，後世儒家尊他為「宗聖」。同時，他亦為《二十四孝》中「齧指痛心」的主角。

名人故事：自省，丟掉缺點前行

東吳時期，在義興有一個叫做周處的年輕人。他身強力壯，由於從小沒有人管束，所以脾氣暴躁，整日在街上遊蕩，並經常和人打架，當地百姓對他感到十分害怕。

　　有一天，周處飯後無聊，又到街上閒逛。發現走在街上的人一個個都無精打采，悶悶不樂。他感到很奇怪，於是問路過的一位老人：「今年風調雨順，收成也不錯，為什麼你們還是愁眉苦臉的呢？」老人吞吞吐吐，似乎有話不好說出口。但在周處的逼問之下，老人硬著頭皮回答：「義興的三害不除，百姓怎麼能高興起來呢？」

　　「什麼『三害』啊？」周處還是第一次聽到「三害」這個詞，「你說的『三害』是什麼？」

　　老人說：「在咱們義興鄰近的南山中有一隻白額猛虎，經常傷害過路的百姓，有時還到鎮上襲擊牲畜，獵戶都拿它沒有辦法。另一個是在長橋下的大蛟，出沒無常，經常害人。」

　　「那第三害呢？」周處問。

　　「還有你啊。南山的虎、長橋的蛟，加上你不就是『三害』嗎？」

　　周處聽完十分吃驚，他沒有想到自己竟然被百姓看作和老虎、大蛟一樣的大害。老人的話讓周處開始反省從前的所作所為，意識到自己確實做了不少的錯事。

　　第二天，周處向鄉親們宣佈：「既然『三害』讓大家深受其苦，那麼就讓我來把它們都除掉吧。」

　　於是，周處背上弓箭，帶著利劍，到南山的密林之中去尋找老虎。果然，一隻白額猛虎從林中朝著周處猛撲過來，周處閃身躲在樹後，「嗖」的就是一箭，正中老虎的前額。殺死老虎後，周處就下山請獵戶一同把死老虎抬下山來。

　　接著，周處又帶上寶劍去長橋尋找大蛟。周處和大蛟在水裡時上時下，搏鬥三天三夜。人們見周處捉蛟經過長時間都沒有回來，以為他已經死在河裡了。眼見「三害」都已經死掉，大家不禁喜出望外。

然而，正當大家互相慶賀的時候，周處卻回來了。他看到人們對他的死竟如此高興，更讓他認識到自己平日的所作所為多讓百姓痛恨了。

從此，周處決心痛改前非，一面師從陸機、陸雲刻苦學習，一面注意自己的道德修養，終於成為一代名臣。

💡 **孩子從故事裡學到了什麼？**

周處除掉的不僅是猛虎和大蛟，還有自己的「心魔」。一個懂得自省的人，會透過自我反省找到自己的不足，改正錯誤，並積極的面對人生。因此，自省不但是我們生命中必備的素質，更是受用終生的智慧。

名言
21

君子之修身，內正其心，外正其容。

——歐陽修

名言解讀

君子要修身養性，首先必須修養內在的品德，其次要注意自己外在的儀表。

名人小檔案：歐陽修

歐陽修（西元 1007 — 1072 年），字永叔，號醉翁、六一居士，諡文忠。吉州永豐（今屬江西）人，北宋時期政治家、文學家、史學家和詩人，為「唐宋八大家」之一，著有《歐陽文忠公文集》。

名人故事：營造人格的氣場

晏殊是北宋時期著名的詞人，其誠實忠直的高尚品行，被歷代稱頌，成為君子的楷模。

晏殊七歲時就能文能武，被譽為神童。當時，太傅中書令張文節十分欣賞晏殊，就把他推薦給真宗皇帝，皇帝並破例讓晏殊與一千多名進士一起參加考試。當晏殊打開卷軸看到試題時，並沒有開始答卷，而是跪下向皇帝說：「十天之前，我在練習時就已做過這篇賦文，懇請皇上重新給我命一道題。」晏殊的誠實品質，讓宋真宗非常讚頌，並賜給他「同進士出身」。

有一天，晏殊接到從宮中傳出的御批，提升他為輔佐太子讀書的東宮官。次日晏殊進宮拜見真宗並謝恩。真宗當著大臣們的面，對他說：「我選擇你來擔此重任，是因為近來群臣遊玩宴飲，只有你閉門讀書，如此之人正是輔佐太子讀書的合適人選。」

原來，宋真宗在位時，正值宋朝的鼎盛時期，天下太平。於是，大小臣僚經常結伴，遊覽勝地並相互宴飲，熱鬧非凡，唯獨晏殊在家裡和兄弟們讀寫文章。

但晏殊謝恩後說：「我並不是不喜歡遊玩飲宴的人，只是家貧。若我有錢，也一定會前去。」

晏殊的坦誠，使得真宗皇帝更加欣賞、信任他，同時也贏得同僚和百姓的稱讚。

💡 **孩子從故事裡學到了什麼？**

晏殊之所以能夠得到皇帝的欣賞，並贏得同僚和百姓的稱讚，並不是因為他的才華，而是他那正直的人品深得人心。正是這種人格魅力，他才能寫出「無可奈何花落去，似曾相識燕歸來」、「昨夜西風凋碧樹，獨上高樓，望盡天涯路」等優美的詞句。可見，為人處世也好，做學問也好，只有從內心的基本修養做起，才能使思想境界不斷昇華，進而實現夢想和遠大的抱負。

名言
22

己所不欲，勿施於人。

——孔子《論語，顏淵》

名言解讀

為人處世要推己及人，自己不想做的事情，不要強加給別人。

名人小檔案：孔子

孔子（西元前551年9月28日－前479年），姓孔，名丘，字仲尼，魯（今中國山東曲阜）人，中國春秋末期的思想家和教育家。孔子是中華文化中的核心學說儒家的首代宗師，集華夏上古文化之大成，在世時已被譽為「天縱之聖」、「天之木鐸」，是當時社會上最博學者之一，並被後世尊為至聖、至聖先師、萬世師表。

名人故事：用生命捍衛法律的尊嚴

李離是春秋時期晉國掌管刑罰的最高長官，他一向執法如山，深知自己手中權力的重要性，所以對於每一個案子都認真對待，經手的案子一直都沒有出過錯誤。

可是有一天，李離在翻看過去經手的案卷時，意外的發現一起冤案。原來是因為誤聽人言，錯誤的批准處死一個無辜的人。知道事情的真相後，李離萬分懊悔，覺得自己犯下不可饒恕、無法彌補的過錯，於是命手下把自己綁起來，押到晉文公面前，請求晉文公判他死刑。

晉文公瞭解情況後，對於李離嚴以律己的行為十分讚賞。他不但沒有治李離的罪，還親自為他解開繩索，並對他說：「這件案子並不是你直接負責的，是下面的人弄錯了。每個官員的職務有高低之分，處罰也有輕重之分，應該被處罰的是直接辦理此案的屬下，怎麼能怪你呢？」

但李離依然跪著說：「臣的職位高，拿最多的俸祿，卻從沒有把手中的權力和俸祿分給下屬。現在出現錯誤，又怎麼能把責任全都推給下屬呢？我查察不嚴，理應受到處罰，請大王處死我吧！」

晉文公笑著說：「按你的邏輯推斷，那寡人的罪過豈不更大了嗎？」

「國家法律規定：判錯刑者服刑。大王您將掌管晉國刑罰的大權交給我，而我卻有負大王的厚望，沒有深入瞭解，查明實情，才造成錯殺無辜的冤案，被處死也是理所當然。如果不按照法律處死微臣，那麼法律的公正何在？大王的尊嚴何在？晉國的威信又何在？」說完，李離猛地從身旁侍衛手中奪過寶劍，自刎身亡。晉文公阻攔不及，唏噓不已。

💡 孩子從故事裡學到了什麼？

暫且不論李離的自刎是不是過了頭，但他在面對責任時，能夠不推諉，反而推己及人、設身處地的為屬下著想，實在是一個難得的好官。在現實生活中，如果我們在面對困難時，能夠多替別人著想、敢於承擔責任、嚴格要求自己，那麼自然就會贏得更多人的尊重和支援。

名言 23

莫以善小而不為，
莫以惡小而為之。

——劉備

名言解讀

不要以為善事是小事就不去做，不要以為壞事是小事而去做。不斷的積善可以讓你走向成功，而積惡則只會讓你身敗名裂。

名人小檔案：拿破崙·希爾（Napoleon Hill）

希爾生於美國，曾任美國威爾遜總統（Thomas Woodrow Wilson）及羅斯福總統（Theodore Roosevelt）的顧問。希爾花了20年的時間，拜訪了500多位美國成功人士。1928年，他完成了具劃時代意義的《成功法則》，成為激勵千百萬人獲得財富和權勢的教科書，同時也讓希爾成為美國社會享有盛譽的學者。被譽為「百萬富翁的創造者」，其17條成功金律則被譽為「鑄造富豪」的法則。

名人故事：積小善，得成功

在成功學大師拿破崙·希爾看來，他一生所獲得最重要的晉升，卻是由一件小事造成的。

某個星期六的下午，拿破崙·希爾的辦公室只剩下他一個人。因為當天有一場重要的橄欖球比賽，公司的其他人都去觀賽了。正當希爾準備收拾東西回家時，一個在同一層辦公的律師走進辦公室，並問他：「請問在哪裡可以找到一位速記員？我有些重要的工作必須在今天完成，需要幫手。」

「先生，非常不巧，我們公司的速記員都去看比賽了，如果您晚來 5 分鐘，恐怕我也回家了。」

律師失望的轉身打算離開，希爾卻叫住他：「先生，如果您願意，我可以幫助你。」律師先是一驚，隨後激動的說：「好的，好的，真是太感謝了。」希爾很快就幫助那位律師完成那些工作。隨後，律師就問希爾打算要多少酬勞，希爾開玩笑的說：「如果是別人，我不會收取任何費用，你的嘛，大約 1,000 美元。」

6 個月後，希爾已經把這件事情忘了，律師卻突然找到他，並詢問他目前的薪水。希爾將數目告訴他後，律師說：「我會把那天下午的 1,000 美元給你，另外，如果你願意到我的公司和我一起工作，你的薪水將比現在多 1,000 美元。」

後來，拿破崙・希爾在回憶那天下午的情景時，說：「那天我只是想，無論哪天都可以看比賽，但他的工作卻必須在當天完成，我只是想幫個小忙而已，沒想到卻因此改變我的命運。」

💡 孩子從故事裡學到了什麼？

拿破崙・希爾一個小小的善念，一次小小的幫助，卻使他的命運因此改變。的確，一次善行可能看似微不足道，但大善是來自小善的累積；大惡也是來自對小惡的放縱，「一念成佛，一念成魔」即是這個道理。行善和為惡就在我們的一念之間，就在我們平日的生活瑣事之中。

名言
24

君子貴人賤己，
先人而後己。

——《禮記》

名言解讀

具有君子品行的人總是讚揚別人，貶低自己；只要有好事，先想到別人，再想到自己。

名人小檔案：戴爾‧卡耐基

戴爾‧卡耐基（Dale Carnegie，西元 1888 — 1955 年）美國著名的企業家、心理學家和人際關係學家，是 20 世紀最偉大的成功學大師，被譽為「成人教育之父」。他在 1936 年出版的著作《人性的弱點》（How to Win Friends and Influence People），70 年來始終被西方世界視為社交技巧的聖經之一。

名人故事：先人後己的收穫

先人後己，一定意味著個人利益的犧牲嗎？戴爾‧卡耐基用自己親身的經歷告訴我們，先人後己也可以帶來雙贏的結果。

戴爾‧卡耐基事業起步的時候，曾經租用一家旅館的一間大禮堂來當作教室。有一天，卡耐基接到旅館經理的通知，大禮堂的租金要提高 3 倍。這意味著卡耐基必須搬走，尋找其他的教室上課。

卡耐基去找旅店的經理理論，但他並沒有指責經理大幅提高租金，也沒有請求得到經理的同情，而是對經理說：「您的通知讓我很

震驚，但您的做法我很理解。因為您是這裡的經理，自然要為旅館帶來更多的利益，如果我是你，也會這麼做。」卡耐基的話讓經理感到有些吃驚，卡耐基又接著說：「但是，您這麼做，真的可以為您帶來更多的利益嗎？讓我幫您算一算。如果您將我趕走，把禮堂出租用來辦酒會、舞會，你是會得到更多的利益。只是，如此一來，那些來這裡上課的成千上萬的有文化、有素養的人，將不會再來光顧您的旅館。要知道，他們可是無論您花多少廣告費也招攬不來的無價活廣告，您現在還覺得自己的做法合算嗎？」

旅店經理聽完卡耐基的話，不禁為自己只看到眼前的利益而感到羞愧，並立即取消計畫，將旅店的大禮堂按照原來的租金繼續租給卡耐基講課。

💡 **孩子從故事裡學到了什麼？**

在處理矛盾時，卡耐基沒有從自身出發，而是站在旅店經理的立場上來考慮問題，設身處地的為旅店經理著想，最後終於使那位旅店經理接受建議。其實，這種雙贏的方式不僅僅侷限在商業運作上，在生活中也是如此。比如，一次小小的謙讓，可以避免一次致命的車禍；一次小小的退讓，可以避免一次嚴重的爭鬥。

多為別人考慮一些，你也將會得到更多的收穫。

名言
25

自私自利之心，
是立人達人之障。

—— 呂坤

名言解讀

私心過重，只為自己的利益打算，是成為一個堂堂正正君子的最大障礙。

名人小檔案：呂坤

呂坤（西元 1536 年－1618 年）字叔簡、心吾、新吾，號抱獨居士，商丘寧陵縣人，明朝著名的思想家和政治家。呂坤曾花費 30 年的心血寫成《呻吟語》一書，內容涉及舉止修為、處世原則，人際交往等多個方面。他提倡獨立思考，對於傳統聖人之論多有懷疑。他認為氣是天地萬物的根本，理學、佛教、道教都有偏頗之處。

名人故事：自私自利的禍患

戰國時，齊國的大將田單奉命進攻狄這個地方。在出發之前，田單去拜見名士魯仲連，向他請教此戰的方略。魯仲連皺著眉頭說：「依我看，將軍這次去攻打狄，十有八九難以成功啊。」

田單一聽就笑著說：「先生真是多慮了。想當年，我憑藉一座小小的即墨，一群老弱殘兵，既無糧草供應，又無援兵支援，仍然打敗強大的燕國大軍。現在我帶領著精兵強將，不過是去攻打一座小小的狄邑，先生竟然說我攻不下來，這怎麼可能呢？」但魯仲連還是堅持認為田單此戰凶多吉少。田單辯不過他，只好氣鼓鼓的拂袖而去。

就要好品格。

　　三個月之後，田單再次來見魯仲連，這一次完全沒有了上次的鬥志昂揚，反倒有些垂頭喪氣。原來三個月來，田單帶兵攻狄沒有取得絲毫的進展，就連齊國的小孩子都編出歌謠來嘲笑他：「高高的帽子，像個簸箕；長長的劍柄，抵住下巴；連個小小狄邑都打不下，將軍把兵駐紮在枯草堆上。」

　　田單百思不得其解，不明白自己為何攻不下一個小小的狄。這時，他忽然想到出發前魯仲連的話，於是再次前來請教。這一次，田單恭敬的請教魯仲連：「先生之前說我難以攻下狄邑，可否把其中的原由告訴我呢？」

　　魯仲連說：「將軍在即墨之戰時，身先士卒，和軍民同甘共苦。親自巡視城防毫無懈怠，還把自己的妻妾、族人也編入隊伍，為軍士們做出很好的榜樣。將軍有拼死取勝的決心，軍士們自然也沒有貪生怕死的念頭。可是如今將軍有夜邑、淄城作為封地，錦衣玉食，容華富貴。多了這些牽絆，怎麼還會有拼死決勝的決心？又怎麼還能取勝呢？」

　　田單聽完的這番話後，向魯仲連深深的施一禮，說：「我的心思，先生竟全然知曉，多謝先生的提醒。」田單回到前線後，立刻親自出馬鼓舞士氣。沒過多久便攻下狄邑，凱旋而歸。

　　💡 孩子從故事裡學到了什麼？

　　田單因為懷有自私自利的心思，而無法以精兵強將攻下小小的狄邑。同樣，在我們的生活中，如果懷有自私自利的想法，不但難以交到真心的朋友，也很難在社會上立足，更不可能成就大事業。

名言
26

地勢坤，君子以厚德載物。

——易經

名言解讀

大地的氣勢厚實和順，君子應當效法大地，增強自身的美德修養，以寬廣的心胸容載萬物。

名人小檔案：藺相如

藺相如（生卒年不詳），相傳為河北曲陽人。戰國時期著名的政治家、外交家、軍事家。他不僅憑藉智慧和勇氣，讓秦國的圖謀屢屢受挫，而且時刻以大局為重，是一位胸懷廣闊的政治家。

名人故事：用寬容容納一切

戰國時期是歷史上最為激蕩的年代，「戰國七雄」在這個歷史大舞臺上縱橫演繹出一幕幕精彩紛呈的戰爭大戲。七國之中勢力並不強大的趙國，常常受到秦國的欺辱。而藺相如憑著機智和勇敢，屢次維護國家的尊嚴，被趙王封為上卿。

對於藺相如被趙王封為上卿，讓趙國的大將軍廉頗十分不服氣，並為此耿耿於懷。他想：「我為趙國馳騁沙場，功勞難道還不如藺相如嗎？他不過僅憑一張嘴，有什麼了不起的？憑什麼地位比我還高！」廉頗越想越不服氣，一直想當面讓藺相如難堪。

藺相如知道廉頗的想法後，立刻吩咐手下不要和廉頗爭吵，自己也處處留意，避讓廉頗。有一次，藺相如乘車外出，遠遠望見廉頗的車子迎面而來，急忙叫手下人把車趕到小巷裡避開。藺相如的門客們

十分不解：「您的地位比廉將軍還高，您卻反而往往讓著他，現在他越來越不把您放在眼裡啦！」

藺相如聽著門客們抱不平，微笑著問道：「依你們看來，是廉將軍厲害，還是秦王厲害呢？」

「當然是秦王厲害了。」門客們異口同聲的說。

藺相如說：「你們說得對，可是我連秦王都不放在眼裡，怎麼可能會怕廉將軍呢？要知道，秦國之所以不敢對趙國用兵，正是因為有廉將軍和我在。如果我現在和廉將軍鬥起來，不管誰贏誰輸，都對趙國不利，而這正是秦王所希望看到的。」

不久之後，藺相如的這番話傳到廉頗那裡，廉頗沒有想到藺相如會有這麼大的胸懷，為了整個國家的利益，一直容忍自己多次冒犯，頓時羞愧難當。於是他立刻脫掉上衣，並背上一根荊杖，跪在藺相如面前，雙手捧著荊條，請藺相如鞭打自己。藺相如急忙用雙手扶起廉頗，並給他穿好衣服，拉著他的手坐下，親切的交談起來。

從此，藺相如和廉頗誓同生死，成為至交。

💡 **孩子從故事裡學到了什麼？**

藺相如為了國家的利益，可以把個人的恩怨放在一邊，的確稱得上是一位真正的君子。如果我們時刻擁有一顆寬容的心，就能豁達而無煩惱，自在而不憂愁。

名言
27

滿招損，謙受益。

——《尚書》

名言解讀

驕傲自滿會招致損害，而謙遜虛心才能得到益處。告誡人們為人處世切勿驕傲自大，而應保持謙卑的態度。

名著小檔案：《尚書》

《尚書》是儒家的經典之一，原稱《書》，到漢代改稱《尚書》，意為上代之書。這是我國第一部上古歷史檔和部分追述古代事蹟著作的彙編，它保存了商周——特別是西周初期——的重要史料。《尚書》相傳由孔子編撰而成，但有些篇章是後來儒家弟子補充進去的。

名人故事：將「謙虛」大寫

柳公權是我國唐代著名的書法家，他的書法結構嚴謹，蒼勁挺拔，自成一家，被書法界稱為「柳體」。不過，真正讓他走上書法家道路的，卻是一位沒有雙手的老人。

柳公權小時候就在書法上表現出很高的天賦，和村裡年齡相仿的同伴相比，他的字是全村最出類拔萃的，這讓柳公權感到很得意。

有一天，柳公權和幾個同伴在樹下進行寫字比賽，正當柳公權自信滿滿，吹噓自己是書法第一名時，旁邊傳來一陣笑聲。原來是一個賣豆腐的老爺爺。

「老爺爺，你笑什麼？」柳公權生氣的問。

「我笑你的字也不怎麼樣。結構太散，用筆無力，看來功力還不夠啊。」老爺爺答道。

「你這個賣豆腐的懂什麼書法？」柳公權問道。

「我是不懂書法，可是我知道城裡有個賣字的老人，用腳寫的字都比你好哪！」

「胡說！」孩子們都笑了：「哪有用腳寫字的？」

「他沒有雙臂，所以用腳寫字，在城裡很有名氣。不信？你自己去看吧。」

柳公權跑到城裡一看，果然找到那位用腳寫字的老人，不禁驚得目瞪口呆。只見老人赤著腳坐在地上，左腳壓住地上的紙，右腳夾著一支毛筆揮灑自如，而且字體剛柔相濟，疏朗開闊，博得陣陣喝彩。

柳公權不禁萬分慚愧，他走到老人面前，說：「老爺爺，您的字真的是天下第一啊，請您告訴我寫字的秘訣吧！」

「孩子，我怎麼可能是什麼天下第一呢？永遠不要說自己是第一，學無止境啊！寫字是為了修身養性，千萬不可有驕傲之氣，我的秘訣就是：『寫盡八缸水，硯染澇池黑。博取百家長，始得龍鳳飛。』」

柳公權牢牢銘記老人的話，他戒除驕氣，發憤練字，虛心學習，並博采多家之長，容於自然之美，終於成為一代書法大家。

💡 孩子從故事裡學到了什麼？

自滿是一口陷阱，讓人不能自拔；謙虛則是一口清泉，讓人更加清醒。謙虛的人往往虛懷若谷，獲得更多的知識；而驕傲的人往往一知半解，錯失進步的機遇。因此，我們要時時保有一顆謙虛的心，學會正確的審視自己，才能讓自己不斷進步，不斷提升自己的境界。

名言 28

寵辱不驚，閑看庭前花開花落；去留無意，漫隨天外雲卷雲舒。

——洪自誠

名言解讀

對於一切光榮和屈辱都無動於衷，永遠用安靜的心情欣賞庭院中的花開花落；對於官職的升遷和得失都漠不關心，永遠冷眼觀看天上浮雲的隨風聚散。

名人小檔案：洪應明

洪自誠（生卒年不詳），號還初道人，籍貫不詳。早年熱中於仕途功名，晚年歸隱山林，洗心禮佛。著作有《菜根譚》流傳於世。

名人故事：憂勤勿過，淡泊勿枯

范蠡是春秋末期一位充滿傳奇色彩的人物，他曾經和越王勾踐同甘共苦，振興越國，卻又在功成之後選擇退隱從商。縱觀歷史長河，能像范蠡這樣審時度勢、急流勇退的人，確實不多。

范蠡原是楚國人，雖出身貧寒卻聰敏睿智、學富五車、滿腹韜略，由於當時的楚國政治腐敗，范蠡沒有得到重用，只好投奔越國。

就要好品格。

西元前 494 年，越王勾踐被吳王夫差打敗，差點亡國。勾踐在萬般無奈之下只好投降，以期東山再起。范蠡便和勾踐夫婦一同到吳國當了三年的俘虜。在這三年內，君臣兩人歷經艱辛，忍辱負重，最後終於在范蠡的巧妙計畫下，回到越國。

回到越國後，范蠡盡心竭力的輔佐勾踐，終於在二十餘年後，一戰雪恥，吞併吳國，使越國成為春秋時期的最後一個霸主。

滅掉吳國後，范蠡被尊為上將軍，登上政治生涯的最高峰。但此時，范蠡已經敏銳的感到危機的逼近。他深知大名之下，難以久居，於是急流勇退，乘舟泛海而去。但范蠡並沒有選擇過隱士的生活，而是開始經商，積累數千萬的家產。世人稱讚他：「忠以為國；智以保身；商以致富，成名天下。」

> 💡 孩子從故事裡學到了什麼？
>
> 范蠡，仕可以安邦定國，隱可以齊家保身，這正是一種淡泊、隨性的人生態度。這樣的人生並不寂寞，而是人生境界的一種昇華，使生命之花更加絢爛的綻放。

名言
29

天命之謂性，率性之謂道，修道之謂教。

—— 《中庸》

名言解讀

上天所給予人的氣質叫做天性，依照人的天性去做事叫做道，修道的方法就是教化。

名著小檔案：《中庸》

《中庸》原是《小戴禮記》中的一篇，是秦漢時儒家的作品，也是中國古代討論教育理論的重要論著。和《大學》、《論語》、《孟子》並稱為「四書」。宋、元以後，《中庸》成為朝廷的教科書和科舉考試的必讀書。

名人故事：君子的操守

有一次，孔子受到楚昭王的邀請前往楚國。當時，要到達楚國就必須經過陳國和蔡國，這兩個國家的謀士們都認為孔子是一代聖賢，看問題向來很準確，如果孔子被楚昭王重用，那麼鄰近楚國的陳、蔡兩國就會有危險。於是，他們就派兵攔住孔子的車馬，不准他通行。

孔子被困在路上，十分狼狽，隨從的人都相繼餓倒。只有孔子更加慷慨激昂的宣講主張。子路滿臉不高興，對孔子說：「老師，您以前經常教導我們：『常做好事的人，上天就會以好運來報答他；常做壞事的人，上天就以災禍來懲罰他。』老師您周遊各國宣講仁德教

化，如今我們卻淪落如此窘境，究竟是您的仁德累積不夠，還是您所講的道理根本就是錯誤的？」

孔子對子路說：「你還是沒有明白啊。伯夷、叔齊餓死在首陽山，難道是因為他們不夠仁德嗎？比干被剖去心臟，難道是因為他不夠聰慧？關龍逢進諫被殺，難道是因為他不夠忠誠嗎？伍子胥被賜自裁，難道是因為他不能夠勸諫嗎？我們不能決定是否遇到賢明的君主，但卻能夠決定自己的才學。蘭草長在深山之中，不會因為沒有人欣賞而不芳香。君子修身尚德，也不能因為沒有得到重用就放棄。君子要接受教化，才能依照自己的本性去行事，而不受外界環境的干擾。」

旁邊的顏回聽完老師的解釋，不禁讚歎道：「世人不用老師的主張，是那些當權者的醜陋，和老師沒有什麼關係。老師勸說他們而不被接納，才更顯示您是君子。」

孔子確實如自己所說，一生奔走列國，積極推行自己的主張，雖百折而不回。無論曲直窮達，孔子都堅持自己的信仰，傳播自己「仁」的理念。

💡 孩子從故事裡學到了什麼？

君子的品行應該如蘭花，無論身處何地，都不降低君子的標準。所以，不管我們的生命是否有人喝采，我們都應該以激昂的態度前行，不斷超越自我。

伍

知音

讓孩子從友誼的鏡子，
看見自己！

人之相識，貴在相知；
人之相知，貴在知心。

——孟子

名言解讀

人們互相認識，最可貴的是能夠相互瞭解。而人們相互瞭解，最可貴的是能夠瞭解對方的心靈。

名人小檔案：俞伯牙

俞伯牙，春秋時代晉國士大夫、琴師。既是彈琴能手，又是作曲家，被尊為「琴仙」。據說現在的琴曲《高山》、《流水》和《水仙操》都是俞伯牙的作品。

名人故事：千古迴響的高山流水

明月當空，江面上微風泛波，又是一年一度的八月十五，又是一個朗月當空的夜晚，不禁讓俞伯牙想起一年前在此地發生的事情。

一年前的八月十五，俞伯牙路過漢陽江口時，覺得當時的意境特別適合彈琴，於是便坐在河邊，專心一意的彈起琴來。當他在無意中抬頭時，突然看到岸上一個人正在聽他彈琴，一分心，用力過猛，「啪」的一聲撥斷了一根琴弦。正在猜測岸邊的人為何而來時，就聽到岸上的人懷著歉意對俞伯牙說：「先生，對不起，打擾您彈琴了，真是抱歉。我是個打柴的，聽到您的琴聲很美妙，不由自主的停下來。」

俞伯牙一看是一個樵夫，問道：「你既然懂得琴聲，可否請問我剛剛彈奏的是什麼曲子？」

沒想到樵夫對他所彈奏的曲子瞭若指掌，俞伯牙不禁大喜，又彈奏幾曲，樵夫還是能夠準確的辨識出琴聲中意蘊。當俞伯牙想到高山，琴聲變得高亢時，樵夫說：「這琴聲，表達了高山的雄壯氣勢。」當俞伯牙想到流水，琴聲變得流暢時，樵夫又說：「這琴聲，表達的是流水的無盡心聲。」

俞伯牙驚喜萬分，他萬萬沒有想到在荒山野嶺之中，竟然能覓到這樣的知音。經詢問，俞伯牙才得知樵夫的名字叫鐘子期，兩人有種相見恨晚的感覺。便約定第二年的八月十五再次來此相會。

今日便是兩人約定相會的日子，但是俞伯牙等了很久，再次彈起去年演奏的曲子，仍然不見鐘子期出現。於是俞伯牙向一位老者打聽，卻得到鐘子期已經病故的噩耗。俞伯牙萬分悲痛，來到鐘子期的墳前彈起《高山流水》，彈罷，俞伯牙砸碎瑤琴，歎道：「摔碎瑤琴鳳尾寒，子期不在對誰彈！春風滿面皆朋友，欲覓知音難上難。」

💡 **孩子從故事裡學到了什麼？**

真正的友誼應如高山一般經得起時間的考驗，如流水一般永遠純淨清澈。而真正的朋友則應該是真正理解你，伴你走過風雨，為你拭去淚水的人。當你擁有這樣的朋友時，請記得一定要好好珍惜這份友誼。

海內存知己，天涯若比鄰。

—— 王勃

名言解讀

只要在四海之內有你這個朋友，即使遠在天邊，也感覺如同近在咫尺一般。

名人小檔案：杜甫

杜甫（西元 712 — 770 年），字子美，原籍湖北襄陽，生於河南鞏縣（現鞏義市）。自號少陵野老。唐代詩人，我國古代偉大的現實主義詩人，有詩作 1,400 多首，被後世稱為「詩聖」。官至加檢校工部員外郎，所以後世又稱他為杜拾遺、杜工部。

名人故事：友誼的堅守

天寶三年（西元 744 年），中國古代最偉大的兩位詩人——杜甫和李白終於在洛陽會面。當時，杜甫和李白都是十分著名的大詩人，但人生軌跡卻完全不一樣。

杜甫是西晉名將之後，從小生長在文化氛圍很濃的家庭中。14、15 歲時已在洛陽文壇嶄露頭角。抱著「大丈夫必有四方之志，乃仗劍去國，辭親遠遊」的志向，杜甫開始他的漫遊生活，而各地的秀美山水也讓他的胸襟變得開闊。

李白當時則已名滿天下，處在人生之巔，連唐玄宗最為寵信的宦臣高力士也為他脫靴。但李白傲岸和放蕩的性格為高力士、楊貴妃等人所不容，不得不離開長安來到洛陽。

當杜甫第一次見到李白時，便被李白的仙風道骨所深深吸引。兩人的年齡雖然相差 11 歲，但並沒有影響兩個人的交流。他們以詩為橋樑，建立起深厚的友情。

這年秋天，兩個人如約來到梁宋，遇到同為詩人的高適。三人志趣相投，抒懷遣興，憑弔古今。時隔一年，李白和杜甫第三次會面，以詩的形式抒發自己懷才不遇、憤世嫉俗的心情。而這一次的會面，也是兩位大詩人最後一次相見。

自古以來，雖有「文人相輕」這樣的俗語，但李白與杜甫卻惺惺相惜。他們雖然相識甚晚，但兩人不管流落到什麼地方，不管多麼的落魄，都以詩歌的形式表達思友之情。他們不僅在詩歌上為後世留下豐富的精神財富，他們真摯的友誼也足以楷模後世。

💡 孩子從故事裡學到了什麼？

杜甫和李白雖然人生經歷不同，際遇也不同，卻能共同譜出一首和諧的友誼之歌。真正的友情，可以使人獨而不孤，即使相隔千里，也能夠心心相牽；即使面對挫折，仍然能夠從對方的身上獲得力量。用真誠去結交四海的朋友吧，讓人生開遍友誼之花。

人生貴相知，何必金與錢？

—— 李白

名言解讀

人與人之間的交往貴在彼此交心，何必在乎對方有沒有金錢呢？

名人小檔案：范仲淹

范仲淹（西元 989 ─ 1052 年），字希文，卒諡文正。吳縣（今屬江蘇）人，他不僅是北宋著名的政治家和統帥，也是一位卓越的文學家和教育家。宋仁宗時，范仲淹曾推動「慶曆新政」。其中，「先天下之憂而憂，後天下之樂而樂」更是他一生的真實寫照。

名人故事：為自己找一面鏡子

北宋時，仁宗請宰相呂夷簡為朝廷提拔一些人才，呂夷簡便向仁宗推薦范仲淹：「范仲淹很有才能，朝廷應該對他委以重任。」

「但是，他一直反對你啊？」宋仁宗聽完很驚訝。呂夷簡是深得仁宗信任的北宋名臣，而范仲淹當時只是一個小小的官員，呂夷簡沒有必要以此巴結他，更何況，范仲淹還多次責備呂夷簡的過失呢！

呂夷簡點點頭，坦率的對仁宗說：「他確實反對過我，但他所提出的正是我的缺點；再說，他的出發點完全是為了國家的利益，而不是針對我個人，朝廷正應該提拔這樣的人才。」

宋仁宗覺得呂夷簡所言甚是，沒過多久就提升范仲淹為學士，任參知政事。范仲淹果然不負厚望，剛到任就向宋仁宗提出十條改革建議，這就是歷史上著名的「十事疏」。

范仲淹也很清楚，自己之所以得到皇帝的信任，完全是因為呂夷簡的推薦。想到自己先前對呂夷簡的批評，雖然的出發點是好的，但也難免有過分之處，心中不免有些內疚。於是特意到呂夷簡家謝罪，沒想到兩人卻一見如故，談論國家大事，不但毫無敵意，反倒成為莫逆之交。

呂夷簡後來談到自己當年提拔范仲淹時，說：「每個人都難免有些缺點和錯誤，一個能夠發現我缺點的朋友便是我的鏡子，他可以時刻提醒我發現自己的不足，使我不會犯下大錯。范仲淹正是這樣的朋友，他是最瞭解我的人啊！」

> 💡 **孩子從故事裡學到了什麼？**
>
> 呂夷簡貴為宰相的時候，范仲淹還只是一位默默無聞的小官員，但呂夷簡卻不嫌棄范仲淹，大膽的提拔他，並與他成為莫逆之交，為後世傳下一段佳話。的確，人與人之間的相交應該是心靈的相交，這樣的友誼才能長久，才經得起任何考驗。

君子之交淡若水，
小人之交甘若醴。

——莊子。

名言解讀

　　君子之間的交往淡的像水，卻純粹而長久；小人之間的交往甜的像甜酒，卻混沌而短暫。

名人小檔案：莊子

　　莊子（約西元前 369 — 286 年），名周，字子休（一說子沐），戰國時代宋國蒙人。著名思想家、哲學家、文學家，是道家學派的代表人物，老子哲學思想的繼承者和發展者。

名人故事：至交若水

　　一天，平遼王府張燈結綵，府門前更是車水馬龍，熱鬧非凡。原來，今日正是大將軍薛仁貴被冊封為「平遼王」的大喜日子。薛仁貴跟隨唐太宗南征北戰，多次救唐太宗於危難之中，立下赫赫戰功，太宗封其為「平遼王」。一登龍門，身價百倍，前來道賀的都是朝中的文武百官，皇親國戚，絡繹不絕。但薛仁貴對送來的豐厚賀禮卻都婉言謝絕。

　　這時，管家來報說門外有個平民百姓送來兩大罈美酒。薛仁貴一聽送禮之人是王茂生，立即叫人收下。

然而，沒過多久，負責啟封的執事官驚慌失措的稟報：「王爺，此人竟敢如此戲弄您，請王爺重重的懲罰他！」原來，當他打開酒罈時，發現裡面盛的根本就不是什麼美酒，而是清水。

薛仁貴聽完執事官的稟報後，不但沒有絲毫生氣，反而叫執事官取來大碗，當著眾人的面從酒罈裡舀起三大碗清水，一飲而盡。

在場的文武百官都感到十分詫異，薛仁貴放下碗，對眾人說：「大家有所不知，我薛仁貴自幼習文練武，但未得志前，家裡十分貧寒，窮困潦倒，只能和妻子住在一個窯洞之中。全靠茂生兄的支助，才能活到現在。沒有他的幫助，就沒有今天的我。茂生兄雖然家裡貧寒，但他送來的這份禮，卻是我今生收到最為貴重的禮物。」

薛仁貴的一番話，讓在場的文武百官無不欽佩和感動——欽佩他貴而不驕，感動他對友情的珍惜。

從此，薛仁貴和王茂生的關係更加密切，並傳為佳話。

💡 孩子從故事裡學到了什麼？

薛仁貴與王茂生在患難時結下的友誼，沒有因身份地位的變化而受到絲毫影響。因為他們的友誼就像清水一樣純淨，沒有摻雜進任何庸俗的物質利益。這樣的友情，永遠不會變質。

君子拙于不知己，而信于知己。

——司馬遷

名言解讀

　　真正的君子，總是覺得不夠瞭解自己，而是相信朋友為自己提的意見。

名人小檔案：司馬遷

　　司馬遷（西元前145—90年），字子長，我國西漢時期著名的史學家。著有《史記》，被稱為「史家之絕唱，無韻之離騷。」

名人故事：珍貴的諍友

　　唐代著名詩人韓愈，官居吏部侍郎，才華橫溢，名揚四方。張籍是韓愈的摯友，官居水部員外郎。韓愈有一首很有名的詩，詩名叫《早春呈水部張十八員外》：「天街小雨潤如酥，草色遙看近卻無。最是一年春好處，絕勝煙柳滿皇都。」就是為張籍而作。

　　當時，張籍在和韓愈的交往過程中，發現韓愈有個明顯的毛病，不能耐心聽取別人的意見，在生活中也不大節儉。張籍在發現這些問題之後，馬上寫信給韓愈，直言不諱的提出韓愈的缺點，並提出忠告。韓愈官職比張籍高，名聲比張籍大，對張籍更有知遇之恩，但韓愈看到信之後，感到十分慚愧，開始對以往的行為進行了反省，並馬上回信給張籍，表示悔意和改過之心，對張籍能指出自己的缺點表示感謝。

就這樣，張籍的敢於批評和韓愈的勇於承認錯誤，使他們的友誼不斷加深。

💡 **孩子從故事裡學到了什麼？**

韓愈雖然才華橫溢，但他仍然有很多缺點，幸運的是，他擁有張籍這樣一位諍友，能夠時時刻刻給予警醒，使他不斷改進，成為「唐宋八大家」之一。真正的朋友不但是幫助你發現優點的人，同時也是幫助你發現並正視缺點的人。

名言 35

益者三友，損者三友。友直，
友諒，友多聞，益矣；友便
辟，友善柔，友便佞，損矣。

——《論語》

名言解讀

有益的朋友有三種，有害的朋友有三種。與正直的、誠實的、見多識廣的人交朋友，是有益處的；與走邪門歪道的、讒媚奉迎的、花言巧語的人交朋友，是有害處的。

名人小檔案：畢卡索

畢卡索（Pablo Ruiz Picasso，西元 1881 — 1973 年），出生在西班牙，是 20 世紀最偉大的藝術天才，當代西方最有創造性和影響最深遠的藝術家，他和他的畫在世界藝術史上具有不朽的地位。

名人故事：無法買走的友誼

西班牙著名畫家畢卡索去世之後，關於他的傳記和回憶錄便不停出版，其畫作也價格飆升，屢屢在拍賣會上創造驚人的記錄。而一位 90 多歲的老人卻將收藏的 50 幅畢卡索名畫無償捐給西班牙政府，在畢卡索博物館展出，告訴人們一個真實的畢卡索。

這個老人不是什麼百萬富翁，只是一個普通的理髮師。但他卻和畢卡索結交持續 30 多年的友誼，珍藏著對繪畫大師的美好回憶。

　　老人名叫阿里亞斯，是法國小鎮瓦洛里的理髮師。阿里亞斯經常被邀請到畢卡索的畫室裡，幫畢卡索剪頭髮、刮鬍子，兩人每次都相處得十分融洽，總有說不完的話。而且，因為阿里亞斯的關係，畢卡索也和小鎮瓦洛里結下深厚的緣分。他曾為瓦洛里的小教堂創作名為《戰爭與和平》的大型油畫。

　　畢卡索一共送給阿里亞斯 50 多幅畫作，阿里亞斯一直珍藏著這些畫作，這些作品是他與畢卡索友誼的見證。面對那些在畢卡索死後，對畢卡索進行攻擊的人，阿里亞斯感到十分憤怒。他是畢卡索名譽的堅定捍衛者，是一個正直的朋友。

　　曾經，有一個日本收藏家想要購買有畢卡索畫的《鬥牛圖》的理髮工具盒，給阿里亞斯開出一張空白支票，可是卻被他毫不猶豫的拒絕。阿里亞斯一直堅持：「無論你出多少錢，也無法買走我對畢卡索的友誼和尊敬。」阿里亞斯在家鄉布伊特拉戈建立一個畢卡索博物館，捐出自己所有收藏的畢卡索畫作，使更多的人認識和瞭解他的好朋友——畢卡索。

💡 孩子從故事裡學到了什麼？

　　在紛紜的大千世界中，總會有許多形形色色的人，而要找到一個像阿里亞斯這樣的朋友，卻不是一件容易的事情。近朱者赤，近墨者黑，要瞭解一個人的品質，其實觀察他交的是哪些朋友就知道了。畢卡索能夠擁有阿里亞斯這樣的朋友，也難怪他會名震天下了。

孩子，我想跟你說……

乖一點！
別使性子啦！

讀書

讓孩子累積實力，
邁向巔峰！

腹有詩書氣自華。

——蘇軾

名言解讀

學識能夠讓人的生命進入更高的境界，使氣質與風度都自然的顯現。

名人小檔案：解縉

解縉（西元 1369 — 1415 年），字大紳，又字縉紳，號春雨，又號喜易，出生於育水鑒湖的書香門第之家。洪武進士，官至翰林學士。

名人故事：智慧的氣場

明朝的翰林大學士解縉是一位詩詞名家，他天資聰穎，勤奮好學，7 歲就能寫詩，而且生性剛直。

當時，有位告老還鄉的李尚書不相信解縉真有過人的才氣，便藉宴請達官顯貴吟詩作對之際，找來解縉，想看他出醜。

解縉來到李府後，看到大門緊閉，只開側門。解縉心想：都是被請來的客人，憑什麼讓自己走側門呢？於是就站在大門前硬是不動。李尚書走出來道：「小子無才嫌地狹。」解縉立即對答：「大鵬展翅恨天低。」 李尚書一聽，不禁大為驚訝，心想：這個小子口氣不小啊！於是立即命人打開中門相迎。

在宴會上，一位權貴知道解縉的父母是賣豆腐的，整日在街上叫賣，身世貧寒，便想藉題發揮，嘲笑解縉：「聽說解才子出口成對，

今天就請你以你父母的職業作為題目如何？」解縉知道對方想奚落自己，於是不慌不忙道：「戶挑日月上街賣；手把乾坤日夜磨。」在席的人們聽完，無不拍案叫絕，讓剛才提問的那個人無言以對。

另一個穿著紅袍的顯貴仍不甘心，看到解縉穿的是綠襖，便想出一副對聯譏諷他：「井裡蛤蟆穿綠襖。」解縉馬上回敬：「鍋中螃蟹著紅袍。」那個顯貴一聽，暗生悶氣，但自己出言不遜在先，不好發洩，只好自認倒楣。

酒過三巡後，李尚書還是想煞煞解縉的銳氣，於是抬手往天上一指，得意的說：「天作棋盤星作子，誰人敢下？」解縉立刻用腳一跺地，隨即唸道：「地作瑟琶路作弦，哪個能彈！」李尚書一聽，不禁暗暗佩服，因為他知道，憑自己是奈何不了眼前這個小才的。

宴席將散，解縉也想好好嘲諷一下這些達官顯貴。於是，就讓僕人備好文房四寶，隨即揮毫舞墨，然後揚長而去。李尚書和那些權貴們走近一看，頓時羞愧得滿面通紅。只見紙上寫著一幅對聯：「牆上蘆葦，頭重腳輕根底淺；山間竹筍，嘴尖皮厚腹中空。」

💡 **孩子從故事裡學到了什麼？**

解縉雖出身寒門，但由於飽讀詩書，知識在歲月的磨練中轉化為高尚的人格和非凡的氣質。如果我們從小就努力讀書，打下堅實的底子，才華自然也會流露出來，並從中找到自信。

名言 37 讀書破萬卷，下筆如有神。

——杜甫

名言解讀

只有博覽群書，寫作時才能有如神助，胸有成竹，文思泉湧，寫出好的作品。

名人小檔案：顧炎武

顧炎武（西元 1613 年－ 1682 年），原名絳，字忠清。明亡後，以慕文天祥學生王炎午為人，改名炎武，字寧人，亦自署蔣山傭。學者尊為亭林先生。江蘇蘇州崑山人，明末清初著名的思想家、史學家、語言學家。知識淵博，與黃宗羲、王夫之並為明末清初三大儒。

名人故事：充實知識的寶庫

明末清初的思想家顧炎武小時候並不重視讀書，在母親多次勸告下，才肯勉強坐下來學習。

有一次，顧炎武正在讀《論語》。這時窗外有小朋友叫他出去玩，他便急匆匆的放下手裡的書向外跑。顧炎武的對待學習的態度，讓母親感到十分痛心，於是她效仿當年孟母斷機的典故，把快要織好的綢緞剪成兩半。顧炎武感到十分驚訝，拉住母親問：「娘，為什麼要把您辛苦織出來的緞子剪掉呢？」

母親反問道：「你知道緞子是怎麼來的嗎？」「是您用蠶絲織出來的。」「那蠶絲是從哪裡來的呢？」「是從蠶繭裡抽出來的。」母親繼續問：「那蠶繭又是從哪裡來的呢？」顧炎武不知道母親為什麼這樣追問自己，但還是繼續答道：「是蠶吐絲做成的蠶繭。」

母親歎道：「你看，從蠶吐絲到織成一匹綢緞要費多大的功夫啊。可是只要我停下來，它就永遠不會成為一匹綢緞，和剪斷它沒有什麼區別？你現在荒廢學業不是也如此嗎？你這個學習的態度，怎麼會取得成績呢？」

顧炎武聽完母親的話，感到十分慚愧，於是對母親說道：「我知道錯了，請母親原諒，孩兒一定努力用功讀書，不再荒廢。」

從此以後，顧炎武每天努力讀書，廢寢忘食，讀完四書、五經、《三國志》等著作後，祖父蠡源公要求他讀完《資治通鑒》，並對他加以告誡：「很多人讀書時圖省事，只是看看《綱目》之類的書，瞭解一下大概就滿足，這是萬萬不可取的。」這讓顧炎武領悟到，無論是讀書還是做學問，都要有踏實的態度。於是，他自創「自督讀書」的方法，每天規定自己一定的閱讀數量，再把所讀的內容抄寫一遍。顧炎武還根據讀書的感受寫下筆記，每一篇目都要重溫多次，直至可以默誦。

長大後，顧炎武走遍名山大川，漫遊講學，但始終堅持「自督讀書」。同時，他堅持 20 多年筆耕不輟，終於成為一代思想家，留下「天下興亡，匹夫有責」的千古名句，以警後世。

💡 孩子從故事裡學到了什麼？

顧炎武的故事讓我們再次看到「累積」的重要性。累積是推動人生之舟駛向光明彼岸的動機，是建起人生大廈的片片磚瓦。只要有了平日的點滴累積，才能讓我們在遇到問題時，遊刃有餘，應對自如。

名言 38　書讀百遍，其意自見。

——陳壽

名言解讀

當你對一本書讀過很多遍後，自然就可以領會到書中所表達的要旨。

名人小檔案：陳壽

陳壽（西元 233 — 297 年），字承祚，西晉巴西安漢（今四川南充）人。入晉以後，歷任著作郎、長平太守、治書待禦史等職，是《三國志》一書的作者，書中記載魏、蜀、吳三國鼎立時期的主要歷史事件。

名人故事：韋編三絕

孔子是我國教育的鼻祖，被後世成為「萬世師表」，他提出「有教無類」、「因材施教」等許多教學的方針。

孔子在很小的時候，就養成勤奮好學的習慣，長大後雖然到處遊學奔波，但這種勤奮好學的習慣卻並沒有改變，反而越加勤奮。

有一次，孔子得到一部《易經》，十分欣喜，馬上廢寢忘食的閱讀起來。他花費很大的精力，把《易經》全部讀完一遍，基本上瞭解裡面的內容。但不久之後，孔子又覺得自己還沒有掌握其中的要義，於是開始讀第二遍。透過這次的閱讀，孔子對《易經》的理解更進一層，掌握它的基本要點。接著，他又讀第三遍，對其中的精神、實質理解更為透徹。之後，為深入研究《易經》，孔子一遍遍的翻閱這部

書，竟把用來串連竹簡的牛皮帶子也磨斷好幾次（春秋時期的書，主要是以竹子為材料製造，稱為「竹簡」，用火烘乾後在上面寫字。這些竹簡必須用牢固的繩子串聯起來，而串聯竹簡的繩子就是當時比較耐磨的牛皮）。

如此一遍又一遍的研讀，讓孔子對《易經》的理解不斷加深，傳說孔子在對《易經》擁有深刻的理解後，開始撰寫《易傳》，以闡釋《易經》的精髓。

孩子從故事裡學到了什麼？

一本好書，可以讓人百讀不厭，隨著年齡的增長和閱歷的豐富，對同一本書的理解也會發生改變。也許書中的某一段話，會在某一個時刻觸及我們內心深處，繼而引起強烈的共鳴和震撼；也許書中的某一個故事，會打開我們回憶的閘門，對人生進行更深層次的思考。在讀書上多花一些時間，從那沁人心脾的書香中，尋找智慧、力量和感動。

名言 39 讀萬卷書，行萬里路。

——劉彝

名言解讀

一個人除了勤奮苦讀外，還要多接觸人群，將所學應用實踐在社會上，才能活學活用。

名人小檔案：徐霞客

徐霞客（西元 1586 — 1641 年），名弘祖，字振之，號霞客，江蘇江陰人。明朝地理學家、旅行家和文學家。他經過 30 年旅行和考察，撰成 60 萬字的《徐霞客遊記》，開闢地理學上系統觀察自然、描述自然的新方向。

名人故事：用行動實踐讀書的意義

初夏的早晨，天氣已經很熱，在浙江雁蕩山崎嶇陡峭的山路上，三個青年人向上跋涉。走在前面的，是一位頗有幾分書卷氣，但體格強健，精神抖擻的書生。走在後面的兩個是僕人，肩上擔著行李。由於酷暑難耐，三個人早已汗流浹背，卻仍繼續前進。

這位不在書房裡苦讀，卻在大熱天跑到山上去的書生，就是著名的地理學家徐霞客。

徐霞客出生在書香世家，祖上都是讀書人。他的父親一生無意於仕途，偏愛遊覽各地名山大川。而少年的徐霞客從小就對地理、探險和遊記方面的書籍十分偏愛，這些書籍一方面開闊他的視野，另一方面也激發徐霞客對祖國大好河山的嚮往。

作為父親的徐有勉，也並不勉強兒子追求功名，而是鼓勵他飽覽群書，做一個博學的人。

父親去世三年後，徐霞客很想出外遊歷。一方面是實現自己「遍歷九州，足登五嶽」的志向；另一方面是他在閱讀歷史、地理、地方誌等書籍的過程中，發現這些書籍中有很多錯誤，想要親自去考察一番。

徐霞客的想法得到母親的支持，在 22 歲時終於踏上遠遊的歷程，直至他 56 歲去世的 34 年中，徐霞客大部分的時間都用在旅行考察中，足跡遍及大半個中國。由於他所去之處多是窮鄉僻壤、人跡罕至的深山密林，所以他常常以天為蓋，以地為廬，歷盡旅途的艱辛。但無論多麼疲憊，徐霞客都會認真的對當天的考察進行總結，並記錄下來，這些寶貴的材料，後來被整理成為 60 萬字的《徐霞客遊記》。

《徐霞客遊記》不但對地質、地貌做了翔實的記錄，而且文字優美，許多篇目都是描摹自然的文學佳作。全書結合科學和文學，是徐霞客苦讀和遠行的完美作品。

💡 孩子從故事裡學到了什麼？

徐霞客可謂是「讀萬卷書，行萬里路」的典範，由於「讀萬卷書」，使他生出「行萬里路」的志向和決心，並由此寫出一部結合科學與文學的經典著作，恩澤後世。今天的我們，如果在用功讀書的同時，能夠把所學到的知識應用到現實的生活中，學以致用，也一定能夠為社會做出巨大的貢獻。

名言 40　書猶藥也，善讀之可以醫愚。

—— 劉向

名言解讀

書就像藥一樣，閱讀得法，就可以啟迪人的心智。

名人小檔案：皇甫謐

皇甫謐（西元 215 — 282 年）幼名靜，字士安，自號玄晏先生，安定朝那（今甘肅靈台縣朝那鎮）人。魏晉時期文學家、醫學家。他編著有《黃帝三部鍼灸甲乙經》（簡稱《針灸甲乙經》）12 卷，乃中國針灸學名著。另著《帝王世紀》、《高士傳》、《列女傳》、《玄晏春秋》、《年曆》等，在醫學史和文學史上都負有盛名。

名人故事：皇甫謐讀書醫愚

晉朝的醫學家皇甫謐由叔父和嬸嬸養大，由於叔父夫妻膝下無子，對皇甫謐格外疼愛，使得他自幼便很貪玩，無心學習，鎮日遊手好閒，所以人們都在背後笑他是個傻子。

皇甫謐十七、八歲時，雖然身材高大，卻胸無點墨，仍然整天像野馬一樣四處遊蕩。嬸嬸任氏看在眼裡，心裡非常著急。她意識到若再繼續溺愛皇甫謐，任他肆意胡為，他的一生肯定就毀掉了。

為了教訓皇甫謐，任氏終於狠下心來把皇甫謐趕出家門。但皇甫謐卻沒有體會到嬸嬸的良苦用心，以為只要像往常一樣討好嬸嬸，事情自然就會平息。然而，當他把香瓜、甜果之類的水果呈獻給嬸嬸時，任氏不但沒有息怒，反而更加生氣。她把瓜果摔在地

上，痛心的說：「你今年20歲了，還是不好好讀書，心中也沒有遠大的志向，以後該如何是好？人家都說你是個傻孩子，難道真的要我效仿『孟母三遷』才能讓你不再如此愚鈍嗎？如果你真心誠意的要孝順我和你的叔父，那就應該努力學習，光耀門楣！」

嬸嬸的一番話，讓皇甫謐感到十分慚愧，於是決心痛改前非，矢志苦學並虛心求教。不管走到哪裡，都隨身帶著一本書，只要一有時間就拿出書來讀。閱讀的範圍也很廣泛，從經史典籍到上古醫術都有涉獵。

從20歲開始苦讀的皇甫謐，在付出不知比別人多多少倍的努力後，終於成為晉代知名的文學家和醫學家。由他所著的《針灸甲乙經》一書，詳細論述中醫針灸的基本理論，時至今日，仍然具有極高的參考價值。

💡 孩子從故事裡學到了什麼？

皇甫謐從20歲開始努力讀書，不但「醫」好自己的愚鈍，也為世人留下一部不朽的醫書。的確，對於愚鈍的人來說，唯一的治療方法就是多讀書、讀好書。只有讀書，才能從根本移除愚昧的思想，繼而達到提高修養、啟迪智慧的目的。

名言 41

書到用時方恨少，
事非經過不知難。

——陸遊

名言解讀

　　知識總是到運用的時候才知道不夠，也才發現自己平日讀的書太少；事情不親自經歷，便不能知道其中的艱辛。

名人小檔案：陸遊

　　陸游（1125年－1210年），南宋詩人、詞人。字務觀，號放翁，越州山陰（今浙江紹興）人。其一生著述豐富，自言「六十年間萬首詩」，今尚存九千三百餘首，是現留詩作最多的詩人。陸遊是南宋一代詩壇領袖，在中國文學史上享有崇高的地位，也是偉大的愛國詩人。

名人故事：左思十年，寫就《三都賦》

　　西晉太康年間，有位著名的文學家叫左思。他花費十年時間寫成的《三都賦》在洛陽廣為流傳，倍受讀者的讚揚。人們爭相傳抄，竟然讓紙的價格上漲好幾倍，從原來的千文漲到兩千文、三千文，直到銷售一空。甚至有很多人特地跑到外地去買紙，只是為抄下這篇千古名賦。這就是「洛陽紙貴」的典故來源。然而，在《三都賦》的背後，卻有著左思十年的艱辛歷程。

少年時代的左思身材矮小，相貌平平，而且說話還有些結巴。他的父親並不喜歡這個兒子，因為他覺得兒子有些癡呆。一直到左思成年，父親還對別人說：「雖然左思已經成年，可是他掌握的知識和道理，還不如我小時候掌握的多呢！」

左思沒有因為父親的輕視而自暴自棄，而是透過發憤學習證明自己的能力。他閱讀大量的史書和文學作品，當他讀到東漢班固的《兩都賦》時，覺得文章華而不實，後來他又讀到張衡的《兩京賦》，也有同樣的感覺。雖然這兩篇文章都氣勢恢宏，奢侈華麗，盡顯東都洛陽和西都長安的富麗堂皇，文才辭藻令人欽佩，但是通篇形式淫奢，全都是浮華辭藻，沒有很實在的內容。於是，他立志改變這一做賦的弊病，創作一篇《三都賦》，實實在在的展現三國時魏國的鄴城、蜀國的成都和吳國的南京這三座都城的風貌。

然而，目標雖然已經定下，但真正要寫起來卻困難重重。因為要想讓賦中的每一句都是真實的寫照，就要有確鑿的史料為證。為此，左思到處收集大量的資料，不僅包括歷史和地理，還有當時的民風民情，以及生產狀況等詳盡書籍。

從此，左思便每天都專注寫作，謝絕一切來訪。屋子裡到處都擺滿書卷和草紙，簡直就像是一個用書搭建成的房子。他不分晝夜的翻閱史料，反覆思考，賦中的每一句都經過幾番斟酌和推敲，而且一寫就寫了10年的光景，最終才使得這部凝聚了左思一生心血的《三都賦》大功告成。

💡 **孩子從故事裡學到了什麼？**

　　左思歷經十年的艱苦創作，才寫出曠世名作《三都賦》，創造了「洛陽紙貴」的奇蹟。可見，每個人在走向屬於他的輝煌之前，都曾有過一段寂寞的旅程。但等到知識積累到一定程度後，實力自然就會爆發出來，將他推向輝煌的巔峰。相反的，如果我們在學習的過程中，不能忍受寂寞，不肯下功夫，到頭來也只好發出「書到用時方恨少」的無奈感慨了。

立身以立學為先，
立學以讀書為本。

——歐陽修

名言解讀

修身，應該把學習作為最首要的任務，而讀書又是學習的根本所在。

名人小檔案：呂蒙

呂蒙（西元178年－219年），字子明，汝南富坡（今安徽阜南市東南）人，東漢末年三國時代東吳勢力的重要將領。繼任魯肅成為吳軍前線指揮官，其最重大的成績是擊敗了當時威震華夏的關羽，但自己卻也在不久後病逝。

名人故事：士別三日，刮目相看

三國時期，呂蒙是吳國的一員大將，勇猛無敵。但由於他沒有文化，所以很多人都瞧不起他，尤其魯肅更戲稱他為「阿蒙」。吳主孫權知道這件事後，就開始勸呂蒙用功讀書：「你現在身當要職，掌握軍事重權，應該多讀點書，提高自己的修養和智慧！」呂蒙回答說：「主公有所不知，臣現在每日都在軍營裡操練軍隊，事務繁多。而且臣是武將，要以行軍作戰為重，所以讀書的事，暫時無暇顧及。」孫權聽後，生氣的說：「我難道是要讓你鑽研經史典籍，以成為一個學識淵博的文人嗎？只是你現在不同往日，位高權重，應當更廣泛的學

習知識，才不會被人看不起。但你居然以事務繁多為藉口，你處理的事務有我多嗎？雖然如此繁忙，我仍每天讀書，因為從書中，我獲得許多的益處知識！所以，你也要多讀書才好啊！」

呂蒙接受孫權的勸告，開始每天用功讀書，使自己的知識和智慧很快就增長起來。

一次，魯肅路過呂蒙的駐地，順便去拜訪呂蒙。此次的拜訪，讓魯肅大為驚訝，因為他發現眼前的呂蒙，已經不再是以前那個只會帶兵打仗的武夫，而是一位智勇雙全的將領了。於是，魯肅充滿欽佩的說：「看來我不能再叫你『阿蒙』了，因為現在的呂蒙，已經不再是以前的呂蒙了。」呂蒙聽罷，頓時哈哈大笑：「士別三日，當刮目相看嘛！」

魯肅覺得呂蒙確實是一位不可多得的人才，再也不能用昔日的眼光去看他了，於是決定拜見呂蒙的母親，與呂蒙結為好友。

💡 孩子從故事裡學到了什麼？

呂蒙接受孫權的勸勉後，透過不斷的讀書學習，不但增長學識和智慧，更改變了自己在別人眼中的形象，得到他人更多的尊重。的確，讀書是修身之本，因為讀書不但能夠提高智慧、改變氣質，更重要的是可以提高道德修養。

名言
43

讀書之法，在循序而漸進，熟讀而精思。

——朱熹

名言解讀

讀書的方法，在於按照一定的順序逐漸前進，不但要熟讀，更要仔細的深入思考。

名人小檔案：朱熹

朱熹（西元1130年－1200年），行五十二，小名沈郎，小字季延，字元晦，一字仲晦，號晦庵，晚稱晦翁，又稱紫陽先生、考亭先生、滄州病叟、雲谷老人，謚文，又稱朱文公。南宋理學家，理學的集大成者，被尊稱為朱子。

名人故事：循序漸進的讀書之道

曾國藩的為人修養和為官之道，歷來為世人稱頌。然而，這個學識淵博的一代名臣，小時候卻天賦不高，讀起書來也很吃力。

有一天晚上，年少的曾國藩在家埋頭苦讀，但同一篇文章他重複讀上好多遍，仍然沒有熟練的背誦下來。這時，一個盜賊潛入他家的屋簷下，本來打算等讀書的曾國藩睡覺後再出來行竊。可是等了好久，也不見曾國藩有要睡覺的意思，反倒越讀越起勁。盜賊實在等得不耐煩了，於是氣急敗壞的跳出來，衝著曾國藩喊道：「就你這種水準，還讀什麼書？」然後把剛才曾國藩剛才反覆誦讀的那篇文章輕鬆的背誦一遍，隨即跳窗而逃。

　　曾國藩被眼前發生的一切驚呆了，等他回過神來，不禁為那個盜賊感到可惜，因為他的頭腦確實很靈光，卻沒有走上正道。

　　從此，曾國藩讀起書來就更加用功了，雖然記憶力很差，但由於付出比別人更多的努力，勤能補拙使得他的知識越積越厚，並順利的踏上官場。

　　在處理國家大事時，曾國藩總是能從史書中得到借鑒，儘量把事情做得恰到好處。後來，曾國藩又將讀書感悟和處世哲學寫成書信，以激勵弟弟們。人們將他的這些書信編輯成書，就是流傳至今的《曾國藩家書》，供後人品讀，從中學習讀書方法和和感悟人生哲理。

　💡 **孩子從故事裡學到了什麼？**

　　雖然曾國藩天賦不高，甚至顯得有些愚鈍，但他卻能在日積月累中總結出適合自己的讀書方法，最終學有所成。可見，不管天資如何，只要肯努力、肯下功夫，最終都能享受到讀書帶給我們的愉悅，並在這種快樂中走出人生的輝煌。

處世

讓孩子修養自身，
贏得尊重！

名言
44

窮則獨善其身，
達則兼濟天下。

——孟子

名言解讀

一個人在不得志時就要潔身自好，保持良好的修養和高尚的品德；一旦得志顯達，就要想著造福天下百姓。

名人小檔案：孟子

孟子（約西元前 372 —前 289），名軻，字子輿，鄒（現山東鄒城市）人。戰國時期的思想家、教育家、散文家，儒家代表人物之一。著有《孟子》一書，被稱為「亞聖」，地位僅次於孔子。其思想與孔子思想合稱為「孔孟之道」。

名人故事：出世精神和入世態度——李泌的處世之道

唐代名臣李泌一生中曾經幾度歸隱，又幾度出山，這種經歷在歷史上是十分罕見的。能夠做到自由遊走於廟堂和鄉野之間，瀟灑自如，這都得益於李泌恰當的處世方法和豁達的心態。

唐天寶年間，當時隱居嵩山的李泌看到天下形勢已經出現危機，於是就上書唐玄宗，議論時事。但是在京城，李泌卻遭到楊國忠的記恨，處處責難。李泌知道僅憑自己無法說動玄宗皇帝，所以果斷的潛遁名山之中。

直到安史之亂之後，太子唐肅宗即位，李泌再次出山，幫助唐肅宗收復長安洛陽。他雖無官職，但卻權逾宰相，因此功勞又受到權臣崔圓、李輔國的猜忌。此時，李泌見唐朝已轉危為安，立即要求辭歸山林。肅宗雖堅決不同意，但見李泌去意已決，只好同意他進入衡山修道。

之後，在唐代宗、唐德宗在位時，李泌又先後出山輔政，分別平定藩鎮割據勢力和內亂，幫助朝廷渡過難關。但在危機過後，李泌又選擇辭去官職，繼續回到山中。

李泌的一生雖如閒雲野鶴，但卻隨時關注時局的變化。在國家危難之際挺身而出，國家安定之後則又歸隱山林，過著與世無爭的生活。他歷經三朝，卻始終寵辱不驚，的確是一個高明的謀略家。

💡 **孩子從故事裡學到了什麼？**

李泌的一生，可說是將道家「出世」精神和儒家「入世」態度發揮到極致。任世事風雲激蕩，他始終能夠根據客觀形勢做出準確判斷。四次歸隱，寄理想於山林；四次出山，展抱負於亂世。該仕則仕，該隱則隱，這正是為人處世的最高境界。

為人但知足，何處不安生？

——耶律楚材

名言解讀

一個人只要擁有知足常樂的心態，無論生活在什麼地方，都能夠平安的度過一生。

名人小檔案：耶律楚材

耶律楚材（西元 1189 年－1243 年），契丹族人，字晉卿，號湛然居士，又號玉泉老人，蒙古汗國大臣。出身於契丹貴族家庭，生長於燕京（今北京市），是遼太祖耶律阿保機的九世孫。

名人故事：握緊手中的麥穗

蘇格拉底是古希臘著名的哲學家。有一天，他和幾個弟子經過一片成熟的麥田，放眼望去，一片澄黃、沉甸甸的麥穗隨風搖曳。

蘇格拉底停下腳步對身邊的弟子們說：「你們到麥田裡去，只許前進不許後退，誰能夠從麥田裡找到最大的麥穗，誰就可以出師。我會在麥田的盡頭等著你們。」

弟子們聽完老師的話紛紛走進麥田，開始埋頭尋找最大的麥穗。麥田裡到處都是沉甸甸的麥穗，弟子們很快就暈頭轉向。到底哪一個才是最大的麥穗呢？弟子們看看這一株，搖搖頭；看看那一株，又搖搖頭。他們試著摘下一株拿在手裡，但很快又發現旁邊的那株麥穗似乎更大些，於是他們就扔掉手裡那株麥穗，去抓另一株，但等抓到那一株後，還是不滿意，如此循環。

正當弟子們低頭前進，用心在麥田裡挑挑揀揀時，突然聽到老師蘇格拉底威嚴的聲音：「停下來吧，孩子們，你們已經到達盡頭。」這時，焦頭爛額的弟子們才發現，自己已不知不覺的到達麥田的邊緣，但雙手卻還是空空如也。

弟子們都感到十分沮喪，蘇格拉底問他們：「你們為什麼會兩手空空的走出麥田呢？」弟子們相互看看，回答說：「老師，我們認為還會有更大的，於是就扔掉手中的麥穗了。」

蘇格拉底看看弟子們，說：「這塊麥田裡一定有一株麥穗是最大的，但你們未必能夠幸運碰見它；即使見到，也不一定能準確的判斷出來。你們總是以為機會很多，總會有更大的麥穗在前面等著，所以才會一無所得。」

弟子們聽了蘇格拉底的話，才恍然大悟，原來他們已經在不知不覺中錯過了許多機會。

> 💡 **孩子從故事裡學到了什麼？**
>
> 人的一生，也彷彿是在麥田裡行走一樣，誰也不能準確的判斷哪一株麥穗才是最大的。那麼，就讓我們珍惜現在已經抓在手裡的這株麥穗吧，不要等到一切都已經失去時，才開始後悔。

非淡泊無以明志，非寧靜無以致遠。

——諸葛亮

名言解讀

淡泊名利，生活簡樸，才能明確自己的志趣；心地清靜，不急不躁，才能達到遠大目標。

名人小檔案：嚴光

嚴光（生卒年不詳），原姓莊，因避東漢明帝劉莊諱而改姓嚴。字子陵，生於西漢末年，會稽餘姚（今浙江餘姚）人。嚴光曾與光武帝劉秀共同遊學，以「高風亮節」名聞後世。

名人故事：淡泊是一種境界

嚴光年少時，就因學識出眾而頗有名氣。後來，嚴光在長安偶遇當時身份卑微的劉秀，兩個人結為好友，一同遊學。當時，劉秀就因為自己結交到嚴光這樣的好友而深感榮幸。

後來，劉秀成為東漢的開國皇帝，那些和他一同起兵反抗王莽的人，也都因此而攀龍附鳳，當上高官。只有嚴光對此毫無興趣，隱姓埋名，離開洛陽並退隱山林。

但劉秀卻十分懷念嚴光這位昔日的好友，於是極力尋找嚴光的下落，終於在四年後發現其蹤跡。劉秀立刻派人帶上禮物前去問候，並請嚴光到洛陽來，但嚴光卻以「人各有志」為由，拒絕劉秀的邀請。

後來，劉秀請嚴光入宮敘舊，當面封他為諫議大夫，但嚴光還是執意回到富春山中，過著悠閒的垂釣生活。

嚴光不事王侯的高風亮節，被後人推崇備至，北宋的范仲淹更是對他讚頌有加。在攀龍附鳳、追逐名利的世風之下，嚴光依然可以保持淡泊的情操，寧靜的氣節，這正是人生的可貴之處。

💡 孩子從故事裡學到了什麼？

在紛亂浮躁的世界裡，什麼才是真正的淡泊呢？淡泊不是消極，而是即使身處喧囂的鬧市，仍然保有一顆赤子之心；淡泊也不是逃避，而是修養達到　定境界的體現。淡泊可以讓心靈保持明淨，讓生命變得更加清澈空靈。

柔軟是立身之本，剛強是惹禍之胎。

—— 施耐庵

名言解讀

為人處世，適時的退讓和妥協才是生存的根本；一味的逞強，只會給自己帶來麻煩和禍害。

名人小檔案：施耐庵

施耐庵（西元1296年－1372年），本名彥端，吳縣（今江蘇省蘇州市）人，祖籍泰州海陵縣（今江蘇省泰州市），遷興化縣（今江蘇省興化市），再遷吳縣，一般被認為是元末明初小說家，中國四大名著之一《水滸傳》的作者。

名人故事：柔弱勝剛強

西元前493年，越王勾踐不聽謀士範蠡的勸阻，親自帶兵攻打吳國。結果吳軍以逸待勞，大敗越軍，勾踐也被吳軍圍困在會稽。

釀成此大禍，勾踐才開始後悔當初沒有聽取范蠡的勸阻，但後悔已經來不及了。勾踐只好聽從范蠡和另一位謀臣文種的計策，請求向吳王夫差投降，並親自帶著夫人和到范蠡到吳國去當人質。

勾踐到吳國當人質後，住在夫差之父闔閭墳旁的一間石屋裡，替夫差當馬夫。直到幾年後，勾踐才等來回國的機會。

勾踐回到越國後，便立志報仇雪恥。他擔心暫時的安逸會消磨復仇的志氣，於是就在飯桌旁掛上一個苦膽，每天吃飯前都要嚐一嚐苦膽的滋味，以此提醒自己不要忘記曾經的恥辱。

勾踐決心要使越國富強起來，於是他開始親自參加生產，並招賢納士，虛心納諫。同時仍然處處向吳國示弱，以此麻痹吳王夫差，讓其放鬆警惕。

十多年之後，勾踐終於等到復仇的一天，當強大的夫差率軍北上與中原各諸候爭霸時，勾踐乘虛攻入吳國，使得吳國元氣大傷。此後，越軍越戰越勇，終於一舉滅掉吳國，成為春秋時期的最後一個霸主。

💡 孩子從故事裡學到了什麼？

十多年的「臥薪嚐膽」，終於使勾踐一舉擊敗吳國，並登上霸主的地位。試想，如果勾踐被夫差打敗後，只知道逞匹夫之勇，死戰到底，那麼就不會有後來以弱勝強的奇蹟發生了。可見，柔弱並不代表無能，而是暫時妥協，並從中尋找戰機，以達到出其不意、克敵制勝的效果。

名言48 君子求諸己，小人求諸人。

——《論語》

名言解讀

那些品行高尚的君子，遇到困難首先想到的是自己想辦法解決，不到萬不得已不去求助於別人。而那些品行低劣的小人，遇事總是習慣於先向別人求助，而不自己想辦法。

名人小檔案：阿莫德‧哈默

阿莫德‧哈默（Armand Hammer，西元 1898 — 1990 年），出生於美國紐約曼哈頓區，是著名的企業家和藝術品收藏家。曾涉足很多完全不同的商業領域，被譽為百戰百勝的「經營之神」。他的一生都在為猶太人、反戰爭、和平與教育事業而奔走，被譽為「世界公民」。

名人故事：挖掘自身的寶藏

「先生，吃您這麼多東西，有什麼是我能幫您做的嗎？」

鎮長傑克遜聽到這話非常吃驚，他仔細打量面前這個臉色蒼白、骨瘦如柴的年輕人。這些日子以來，這個位於美國南加州的小鎮上來過很多逃難的人。善良樸實的村民們為他們送去很多食物，那些逃難的人們往往餓得連一句感謝的話語也來不及講，就狼吞虎嚥的吃起來，只有這個少年將食物拿回來。

「沒有，我沒有什麼活兒讓你做。幫助你們，是每個善良的人都會做的事情。」傑克遜回答。

年輕人目光頓時黯下去：「先生，那我更不能隨便吃您的東西了。我不能什麼都不做，就得到這些。」

傑克遜十分讚賞的看著這個年輕人。他知道，這個年輕人已經很多天沒有吃飯了，卻仍然放棄不勞而獲的食物。傑克遜考慮了片刻，說：「小夥子，你願意為我捶捶背嗎？」年輕人馬上蹲下來，十分認真的為傑克遜捶起背來。

幾分鐘後，傑克遜說：「好樣的，小夥子，你捶得非常好。」他再次把食物遞給年輕人，看著他狼吞虎嚥的吃完，問道：「小夥子，我的莊園需要人手，我很希望你能留下幫助我，你願意嗎？」

那個年輕人留在莊園工作後，又娶了傑克遜的女兒瑪格珍妮為妻。人們都覺得傑克遜在做傻事，但傑克遜卻自信的說：「雖然他現在什麼都沒有，可是將來他會成為百萬富翁的，因為他懂自食其力，還有一顆知恩圖報的心。」

20多年後，傑克遜的話終於應驗。那個年輕人果然成為大名鼎鼎的富翁，也就是美國「經營之神」──阿莫德‧哈默。

💡 孩子從故事裡學到了什麼？

阿莫德‧哈默從一名落魄的逃難者成為一位富翁，靠的就是「求諸己」的信念。在現實中，很多人遇到種種不如意時，也許怨天尤人、消極等待……卻很少想到要靠自己的力量解決問題，於是就被困境壓倒。其實，當困難來臨時，解決的辦法也已經隨之而來了，只是需要你去尋找、發現。一旦找到解決的辦法，一切的困難都將迎刃而解。

名言 49

欲修其身者，先正其心；
欲正其心者，先誠其意。

——《大學》

名言解讀

想要修養自身的品性，首先要端正自己的思想；想要端正自己的思想，首先要使自己的意念真誠。

名著小檔案：《大學》

《大學》原為《禮記》中的一篇，相傳為曾子作，是儒家的經典著作之一。內容主要總結儒家關於道德修養、道德作用及其與治國平天下的關係，與《論語》、《孟子》、《中庸》合稱為「四書」。

名人故事：以赤誠之心待人

春秋戰國時期，齊國的相國晏子有一次路過晉國時，在路邊看到一個衣衫襤褸的人。這個人雖然衣衫襤褸，卻目光炯炯，神情自若。晏子覺得他一定是個深藏不露的高人，就親自下車上前詢問：「先生，請問您是誰？」那個人回答說：「我是越石父，本是齊國人，現在在趙國的中牟當僕從。」晏子又問：「你當僕從有幾年了？現在可以用財物贖身嗎？」越石父回答：「已有3年的時間，現在可以贖身了。」

於是，晏子便叫人從自己的大車上解下一匹駕車的良馬，為越石父贖身並和他一同乘車回到齊國。

然而，回到齊國後不久，越石父就要求和晏子斷絕交往。晏子覺得很奇怪，忙問其原因。原來晏子和越石父一同回到齊國後，沒有和越石父告別就一個人回家了，所以越石父覺得晏子是個沒有修養的人。晏子認為越石父過於計較了，於是派人傳話給越石父：「我們只不過是一面之緣，我出財物為你贖身，使你重獲自由，你不知感恩也就罷了，為什麼還要和我絕交呢？」

越石父說：「身為君子，如果受到那些不明事理的庸俗之人輕視，不必為此而生氣煩惱；但如果一個知書明理的人也不能以禮相待，那就另當別論了。我在中牟為僕三年，那裡都是一些庸俗之輩，無人理解也是正常的。當我遇到晏子時，以為自己遇到知己，但是他不但在回來的車上沒有讓座給我，下車後也不和我道別，這和對待僕從有什麼區別？一個真正有修養的君子，是不可能這樣對待賢士的。如果只是覺得自己有恩於人就不尊重對方，又怎麼可能是君子所為呢？我還是回到中牟去，繼續當僕從好了。」

晏子聽到越石父的這番話後，立即前去拜見，並向越石父道歉。晏子誠懇的說：「在晉國見到先生時，我只覺得先生氣宇不凡，現在才真正瞭解先生高貴的品格。請您原諒我的過錯，並留下來繼續指點我修身做人的道理吧。」

從此，晏子便把越石父奉為上賓，以禮相待，兩人成為無話不談的好友。

💡 孩子從故事裡學到了什麼？

　　在君子的眼中，誠意是態度，更是品性，與一個人的人格修養有著直接的關係。因此，在現實生活中，無論是修身還是待人，我們都應該誠心誠意，坦坦蕩蕩，才能不斷提高自己的修養，並贏得他人的尊重。

捌

多元能力

給孩子更寬廣的選擇！

名言 50

博觀而約取，厚積而薄發。

——蘇軾

名言解讀

只有大量的閱讀才能從中汲取精髓，只有大量的累積才能使知識爆發出強大的力量。

名人小檔案：蘇軾

蘇軾（西元 1037 年－1101 年），字子瞻，一字和仲，號東坡居士，眉州眉山（今四川眉山縣）人，北宋大文豪。其詩、詞、賦、散文，均成就極高，且善書法和繪畫，是中國文學藝術史上罕見的全才，也是中國數千年歷史上被公認文學藝術造詣最傑出的名家之一。其散文與歐陽修並稱歐蘇；詩與黃庭堅並稱蘇黃；詞與辛棄疾並稱蘇辛；書法名列「蘇、黃、米、蔡」北宋四大書法家之一；其畫則開創了湖州畫派。

名人故事：從生活中，為成功儲蓄

唐代詩人李賀素以苦吟著稱，和唐代的另一位詩人賈島一樣，為求得一句佳句，哪怕是一個字也要苦思冥想，仔細斟酌。

李賀寫詩時，從來都沒有先確立詩的題目，常常有感而發，隨性而作。他經常騎著毛驢到長安的郊外，到遠離塵世喧囂的大自然捕捉靈感。在長安古道上，經常能夠看到李賀瘦削的身影，端坐在一頭瘦驢之上，揹著又舊又破的錦囊，苦思冥想，搖頭晃腦反覆吟誦。一路上，只有一想到好詞佳句，李賀都會趕緊用筆記下來，然後放在錦囊

裡，等到晚上回到家後，再對這些佳句進行仔細的整理。李賀的這種方法，使他累積了很多的素材，並根據這些素材創作出許多流傳千古的佳作。

然而，天妒英才，李賀的一生只有 27 個春秋，但在短暫的一生裡，他把森氣卓然的錦囊妙句留在人間。他想像豐富，詭譎陸離的詩風讓後人難以望其項背，所以後人稱他為「詩鬼」。

💡 孩子從故事裡學到了什麼？

李賀在詩歌上的成功，在於他的勤奮積累。所謂「參天之木，必有其根；環山之水，必有其源」。其實，世上很多天才的成功並非偶然，他們的才華也不是天生的，而是靠後天的不斷累積與實踐。如果你也想成為讓人羨慕的天才，那麼就從現在開始，用心的學習知識，累積知識吧！

多見者博，多聞者智，
拒諫者塞，專己者孤。

——桓寬

名言解讀

見得多的人知識自然淵博，聽得多的人自然會增長智慧，拒絕接受建議的人只會使自己閉塞，固執己見的人只會使自己孤立。

名人小檔案：桓寬

桓寬（生卒年不詳），字次公，漢代汝南郡（今河南省上蔡縣）人。知識極為淵博，善長寫文章。著有《鹽鐵論》60篇。

名人故事：知識的巨人

提起李奧納多・達文西（Leonardo da Vinci，西元1452年－1519年）這個名字，人們首先想到的是《蒙娜麗莎》、《最後的晚餐》、《岩間聖母》等知名畫作，而達文西本人也被看作是歐洲文藝復興時期的偉大畫家。但事實上，達文西在熱心於藝術創作的同時，同時也進行科學研究活動，他在自然科學的許多領域裡都取得令人驚異的成就。因此，達文西不僅是一位藝術大師，也是一位科學巨匠，令同時代的很多科學家難以望其項背。

在探索自然的奧秘的過程中，達文西發現很多科學家僅僅侷限於書本之中，於是他開始鼓勵人們向大自然學習，從自然中獲得新知，主張透過實踐來進行科學研究。

在天文學方面，達文西早於哥白尼的「太陽中心說」，提出地球不是宇宙中心的觀點。他還認為月球本身並不發光，而是反射太陽的光輝。更為驚人的是，早在 600 年前，達文西就已經開始設想利用太陽能。

達文西在科學上更大的成就，主要是解剖學和生理學，甚至被奉為近代生理解剖學的始祖。

此外，達文西還是一名發明家，他的發明主要集中在軍事和機械方面。比如飛機機械、降落傘、機關槍、手榴彈、坦克車、起重機，等等。對於這些發明，可以說每一項都堪稱偉大，竟然都出自達文西一人之手。

由此可見，達文西不僅是一位美術大師，而且還是建築家、工程師、文藝理論家、哲學家、詩人、音樂家、發明家。

孩子從故事裡學到了什麼？

達文西被同時代的人稱為「完全的人」，他懷著無限的熱忱，試圖解釋世界的原理，揭示宇宙的奧秘。然而，我們也應該看到，他那些偉大的成就，主要得益於廣博的學識和豐富的實踐活動。正是廣博的知識，使達文西在所涉及的領域裡都取得驚人的成就，最終成就他巨人的形象。

名言
52

博學之，審問之，慎思之，明辨之，篤行之。

——《中庸》

名言解讀

　　廣泛的多方面學習，詳細的問，慎重的思考，明確的分辨，踏踏實實的實行。

名人小檔案：亞里斯多德

　　亞里斯多德（西元前384年－前322年），古希臘哲學家，柏拉圖的學生，也是亞歷山大大帝的老師。他在許多領域都留下廣泛著作，包括了物理學、形上學、詩歌（包括戲劇）、生物學、動物學、邏輯學、政治、政府、以及倫理學。主要著作有《工具論》、《物理學》、《倫理學》、《政治學》、《詩學》等。他的思想對人類產生深遠的影響，為科學作出巨大的貢獻。

名人故事：最博學的智者

　　古希臘的學者亞里斯多德被視為是「最博學的人」。而對於這個稱號，亞里斯多德的確當之無愧，因為他涉獵領域之廣泛，考察之全面，都是前無古人，後無來者。而他的著作，更是一部人類科學文明的百科全書。

　　亞里斯多德青年時代雖然師從柏拉圖，但是他在學術上絕不是個唯唯諾諾的人，在許多問題上和老師觀點存在著分歧。正如亞里斯多德自己所講的：「吾愛吾師，吾更愛真理！」正是這種「慎思」和「明

「辨」的態度，讓亞里斯多德在哲學上拋棄老師柏拉圖的唯心主義觀點，提出含有唯物主義因素的哲學觀點。

除了眾所周知的哲學家的身份，亞里斯多德還是形式邏輯學的奠基人。在他的眼中，分析學或邏輯學是一切科學的工具。他的邏輯學思想被後人彙編成書，也就是《工具論》。

亞里斯多德在著作《物理學》中，提出自己對於運動、時間、空間、存在等問題的看法，辨析了運動和外力的關係。

在天文學方面，他認為運行的天體是物質的實體，地球和天體由不同的物質構成。此外，亞里斯多德還對構成地球和天體的物質進行比較和區分。

另外，他透過自己多年的遊歷和對動、植物標本的採集整理，對近 500 多種不同的動植物進行分類，對 50 多種動物進行解剖實驗。

亞里斯多德的著作還遠遠不止這些，他還著有《形而上學》、《倫理學》、《政治學》、《詩學》等著作。他一生的研究涉及邏輯學、修辭學、物理學、生物學、教育學、政治學、心理學、美學等領域，達到後人難以企及的高度，為人類文明做出巨大的貢獻。

💡 孩子從故事裡學到了什麼？

亞里斯多德在柏拉圖學園中經過 20 年的努力，博覽群書，讓他擁有廣博的知識。更為難能可貴的是，他雖然師從著名的哲學家柏拉圖，卻沒有盲目的崇拜老師的觀點，而是跳出老師的觀點，建立起自己的學說。這種獨立的人格意識和追求真理的精神，正是我們所需要學習和繼承的。

名言 53

博學而詳說之，
將以反說約也。

——孟子

名言解讀

廣博的學習，詳盡的解說，目的在於融會貫通後返歸到簡約。

名人小檔案：房龍

亨德里克・威廉・房龍（Hendrik Willem van Loon，西元 1882
—1944年），荷裔美籍歷史通俗讀物作家。房龍的作品多以散文的形
式敘述、評論歷史事件及人物，他生動詼諧的文筆使讀者能在短時間
內輕鬆了解歷史的大致脈絡，因此很受讀者歡迎。其著作涉及歷史、
文化、文明、科學等多個方面。

名人故事：將博學歸於簡約

1921年，美國作家房龍憑藉風格新穎的《人類的故事》（2004，
好讀出版）一書，一舉成名，享譽世界。隨後，他的其他著作《文明
的開端》（2001，米娜貝爾出版）、《聖經的故事》（2004，好讀出
版）、《寬容》（2004，好讀出版）等也熱銷至今。而所有這些成績
的取得，都得益於房龍生動活潑、通俗易懂的寫作風格。

可是，你知道嗎？在寫書之前，房龍曾經當過教師、記者、播音
員等工作。這些經歷，讓房龍得到了磨練，並學會各種技能：能夠熟
練使用十多種文字、是一名優秀的小提琴演奏員，同時還擅長繪畫

（其所有著作中的插圖均出自他之手）。

除歷史方面的著作外，房龍在《房龍地理》（2007 年，陝西師範大學出版社）一書中還提出環境保護的概念，把人類的故事寫進地理學之中，有意識的將人類活動貫穿其中，使整本書如同一部活動的電影，為人們提供一本地理知識的範本。

由於房龍知識廣博，文筆優美，因此他的書成為很多青少年成長必讀的著作。他的作品不僅用青少年也能看懂的語言來介紹科學知識，而且還在科學之中融入人類的文明進程，使人讀而忘倦。

這種以文學的形式向大眾介紹普及，使那些晦澀的科學、歷史和地理知識變得十分生動，使得房龍的智慧得到更多人的認可。甚至連一直批評房龍的歷史教授也不禁感歎：「在房龍的筆下，歷史上死氣沉沉的人物都成為活生生的人了啊。」

💡 孩子從故事裡學到了什麼？

房龍雖然博學多才，懂得很多高深的道理，但在他的筆下，讀者所看到的，永遠是簡簡單單，一看就明白的東西。正是如此，才使他成為很多青少年崇拜的作家。可見，真理告訴我們的，永遠都是最簡單的東西。而這種「絢爛之極，歸於平淡」的簡單，也是經過思考後才能夠達到的境界。

名言
54

博學而篤志，切問而反思，仁在其中矣。

—— 《論語》

名言解讀

廣泛的學習，堅持自己的志趣，誠懇的發自內心並且認真思考當前的問題，仁德就在這裡面了。

名人小檔案：王充

王充（西元27年－97年），字仲任，會稽上虞人，東漢哲學家。著有《譏俗節義》、《政務》、《論衡》、《養性》等書。但只有《論衡》保存下來。近人黃暉撰《論衡校釋》30卷，是較為通行的版本。

名人故事：博學思辨的王充

王充是東漢時期著名的思想家，雖然他年輕時家裡很貧困，但正是這種貧困，成就了他驚人的毅力。王充年幼時就十分喜歡讀書，但由於沒有錢買書，所以只好每天到洛陽的書店裡站著讀書。這樣，日復一日，年復一年，王充竟然把《漢書‧藝文志》上所列的六藝、諸子、詩賦、生命書、術數、方技等六類書，共一萬餘卷全部讀完。

在熟讀經史典籍的同時，王充還涉獵先秦諸子百家的思想觀點。當時，很多淺薄的儒生為追求功名，只知道學習儒家經典，而且拘守於書本上的知識，認為那便是一切的真理。這些在王充看來，只不過是膚淺和鄙俗的見解而已。為此，他曾經比喻說：「涉淺水的人只看

見小蝦，再深一點兒就會看見魚鱉，只有不斷深入才會看見蛟龍。」

　　為通百家之言，王充把儒家經典與諸子百家進行比較研究，最後發現，諸子百家中的很多觀點，有很多是十分寶貴的，甚至比儒家經典還要精闢。於是，王充就將自己的觀點輯錄成書，取名《論衡》。

　　在《論衡》這本書中，王充對當時漢儒的思想進行尖銳猛烈的抨擊，將道家的思想和其他諸子百家的「天道」、「禮和法」等思想收入書中，並進行系統的評述。因此，《論衡》也被後人評為「博通眾流百家之言」的古代小百科全書。

💡 孩子從故事裡學到了什麼？

　　王充雖然從小就家境貧困，但他並沒有被貧困所壓倒，讓自己充滿功利，而是時刻保持一種淡泊、寧靜的心態和寬廣的胸懷。他讀萬卷書，卻沒有被功利思想矇住雙眼；他博學多才，卻能夠跳出儒家的思維定勢。最後終於融各家學說於一體，不但開拓自己的心胸，提升自己的境界，而且因此而讓自己留芳後世。

孩子，我想跟你說……

乖一點！
別使性子啦！

玖

高 EQ

讓孩子的發展
更無限！

名言 55　二人同心，其力斷金。

——《易經》

名言解讀

　　共事的兩個人只要同心協力，就會結成一股強大的力量，就會無往而不勝。

名人小檔案：本生

　　羅伯特・威廉・本生（Robert Wilhelm Bunsen，西元1812—1899年），國際著名的化學家，在化學史上做出具有劃時代意義的貢獻，本生和物理學家克希荷夫共同研究發明的光譜分析法，被稱為「化學家的神奇眼睛」。

名人故事：燃燒合作的火焰

　　19世紀50年代，德國化學家本生經過多年的艱苦探索，終於發現一種全新的化學分析方法，但他還沒來得及高興，就遇到一個更為重大的難題。因為他發現有些物質的火焰，在肉眼看來幾乎是一樣的顏色，很難準確的加以分辨。於是，本生決定向著名的物理學家古斯塔夫・羅伯特・克希荷夫（Gustav Robert Kirchhoff）求助。

　　克希荷夫在瞭解本生的研究成果和遇到的難題後，很快的提出了解決的方案。原來，作為物理學家的克希荷夫，曾經研製出一種可以用來分辨光線的儀器，稱為「分光鏡」。在兩個人的合作下，他們很快就發現線光譜，並由此總結出一種可靠的探索物質成分的分析方法——光譜分析法。

　　運用本生和克希荷夫創立的光譜分析方法，後世的化學家們先後發現新的化學元素銫、銣、鉈、銦、鎵、鈧、鍺等，使人類對物質世界更進一步的認識。

　　本生和克希荷夫發揮各自發揮出自己的長處，透過協力合作，為人類貢獻出一項偉大的發明，讓人類探索世界和認知世界的能力又提高了一大步。

💡 孩子從故事裡學到了什麼？

　　本生和克希荷夫所研究的雖然是不同的領域，但他們卻能夠透過協力合作，完美結合兩個人的智慧，最終在各自領域上都取得突破性的發現。可見，一個人即使有再大的能力，還是有限，只有和別人合作，才能夠將自己有限的能力無限放大。

名言 56

君子在下位則多謗，在上位則多譽；小人在下位則多譽，在上位則多謗。

——柳宗元

名言解讀

君子在地位卑微時容易被別人誹謗，在地位尊貴的時候就會受到別人的讚揚；小人在地位卑微時，容易得到別人的讚揚，等到地位尊貴時，那些壞的品行就會暴露出來，並遭到很多的批評。

名人小檔案：柳宗元

柳宗元（西元 773 年—819 年），字子厚，唐代河東郡（今山西省永濟市）人，唐代著名文學家、思想家，唐宋八大家之一，和韓愈同為古文運動的領導者。著名作品有《永州八記》等 600 多篇文章，經後人輯為 30 卷，名為《柳子厚集》。因為他是河東人，人稱柳河東，又因終於柳州刺史任上，又稱柳柳州。

名人故事：管鮑之交

管仲和鮑叔牙在入朝為官之前就是很要好的朋友，兩人曾經合夥做生意。因為管仲的家境不好，所以鮑叔牙出大部分的本錢。等到分紅的時候，管仲卻拿一半的紅利。所以，手下人都在暗地裡指責管仲貪財，只有鮑叔牙不以為然，還替管仲解釋說：「管仲並非貪財，只是因為家境貧困，所以更需要錢罷了。」

後來，兩個人又一同從軍。然而，每當在陣前衝鋒的時候，管仲總是躲在最後；撤退的時候，管仲又總是跑得最快。所以人們都譏笑管仲貪生怕死，是個懦夫。這時，鮑叔牙又站出來替管仲辯護道：「管仲並非怕死，只是家中有80歲的老母親無人照顧，這才忍辱偷生。」管仲知道後十分感動，感歎道：「生我的是父母，而真正瞭解我的卻是鮑叔牙呀！」

管仲和鮑叔牙從政後，分別輔佐公子糾和小白。齊襄公死後，兩位公子開始爭奪齊國的王位。最終，鮑叔牙幫助公子小白搶先登上王位，成為齊桓公。齊桓公的地位肯定下來後，鮑叔牙又開始向齊桓公舉薦管仲出任齊國的宰相。但齊桓公卻因為自己在爭奪王位時曾經被管仲射過一箭而懷恨在心，不想任用管仲。這時，鮑叔牙對齊桓公說：「如果大王只想定國安邦，只需要我一個人輔佐就夠了，但如果大王要成就霸業，非用管仲不可。」齊桓公聽後，覺得鮑叔牙說得很有道理，很快便任用管仲為齊國的宰相，管仲知道後，更是十分感激鮑叔牙的力薦，於是決心鞠躬盡瘁，竭力輔佐齊桓公。

後來，齊國在管仲的治理之下，果然逐漸強大起來，並確立「九合諸侯，一匡天下」的霸主地位。而管仲也得到「春秋第一相」的美名，永載史冊。

💡 孩子從故事裡學到了什麼？

管仲在為官之前，屢屢遭到眾人的誤解和譏諷。直到他成為相國，才華才真正的展露出來。當然，在欣賞管仲能夠忍辱負重、最終成就大業的同時，我們更應該欽佩賞鮑叔牙的高尚品格。

名言 57

始吾於人也，聽其言而信其行。今吾於人也，聽其言而觀其行。

——孔子

名言解讀

最初，我聽到一個人的話，就相信他的行為；現在，我聽到一個人的話還要觀察他的行為，看他是否言行一致。

名人小檔案：管寧

管寧（西元 158—241 年），字幼安，北海朱虛（今山東臨朐東南）人，是「春秋第一相」管仲的後代。管寧是三國時期魏國的高士，自幼好學，飽讀經書，不慕名利，終生不仕。

名人故事：擇友之道

三國時期，管甯和華歆是一對非常要好的朋友，兩人結伴讀書，一起探討學問、探討人生。

有一次，管甯和華歆一同在田地裡鋤草。突然聽到「噹」的一聲，管寧在黑黝黝的泥土中刨出一個金塊來，但他卻視而不見，把金塊扔到一邊去，繼續鋤草。華歆卻丟下鋤頭跑過來，拿起金塊仔細端詳，捨不得放下。在管寧的責備之下，華歆才極不情願的丟下金子回去工作，可是仍然惦記著金子，不住的唉聲歎氣。管寧看在眼裡，沒再多說什麼，只是暗暗的搖頭。

一天，兩人正在屋子裡讀書。忽然外面鑼鼓喧天，十分熱鬧，原來是一位達官顯貴乘車經過，前呼後擁，真是富貴逼人。管寧對外面的喧鬧充耳不聞，繼續專心致志的讀書，就好像什麼都沒有發生一樣。而華歆卻被這種張揚的聲勢和奢華的排場所吸引，扔下書本，急急忙忙的跑到街上去看熱鬧。

目睹華歆的所作所為，管寧再也抑制不住心中的失望。等到華歆回來，管寧就拿出刀子，當著華歆的面，把蓆子從中間割成兩半，痛心而決絕的宣佈：「我們兩人的志向和情趣太不相同。從今以後，我們就像這被割開的草蓆一樣，再也不是朋友。」

從此，兩個「好朋友」走上不同的人生道路。

💡 孩子從故事裡學到了什麼？

管甯透過華歆日常的行為正確的判斷出他的個性，在日常的交往中，人性中虛偽和狡詐的一面往往被刻意掩飾起來，所以認清一個人的本質，不但要聽他怎麼說，更要留意他的行為。只有如此，才能看出一個人的品格是否高尚。

名言 58

能用眾力，則無敵於天下矣；能用眾智，則無畏於聖人矣。

——孫權

名言解讀

能夠集合眾人的力量，就不會輸給天下任何一個敵人；能夠集合眾人的智慧，就不會輸給聖人的智謀。

名人小檔案：孫權

孫權（西元182—252年）字仲謀，吳郡富春縣（今浙江富陽）人。三國時代的開國君主之一。他于222年稱吳王，229年稱帝于武昌（今湖北鄂城），建立吳國，即東吳。

名人故事：眾志成城，所向披靡

楚漢相爭的時候，漢王劉邦派遣手下大將韓信去攻打趙王歇。韓信此行，必需經過一道極狹窄的山口——井陘口。趙王聽從謀士李左軍的建議，派遣20萬大軍守在山口，嚴陣以待，只等韓信帶兵前來，一舉殲滅。

韓信料到趙國的軍隊會在井陘口設下埋伏，便命令部隊在離井陘口30里的地方安營紮寨。等到半夜，韓信下令開飯，但只是讓將士們吃些點心，告訴他們：「打完勝仗再回來吃飽飯！」隨後，韓信派出2千輕騎兵從小路前進，潛伏在趙軍軍營周圍，告訴他們等到趙軍離開

營地，就迅速殺入趙營。接著，韓信命剩餘的1萬人背靠河水列陣，準備迎敵。

背水列陣是兵家大忌，因為一旦失敗就無路可退。趙軍見漢軍背水列陣，便全部離營，前來攻擊。漢軍面臨大敵，後無退路，反倒橫下心來，拼死奮戰，個個以一擋十，吸引了趙軍的全部注意力。這個時候，先前埋伏在趙軍大營周圍的兩千輕騎兵衝入趙軍的空營，一舉拿下趙軍營地，插上漢軍的旗幟。趙軍一見大營被占，頓時方寸大亂，四散奔逃。漢軍乘勢追擊，大勝而歸。

慶功宴上，將領們仍對韓信的做法感到不解，於是問：「兵書上說，列陣可以背靠山，面臨水。您卻背水列陣，是什麼策略呢？」

韓信笑著說：「你們是只知其一，不知其二呀！其實兵法還說：『陷之死地而後生，置之亡地而後存。』趙國有大軍20萬，還佔有地利的優勢，而我們只有1萬2千人，如果正面交鋒，肯定不是趙軍的對手。兵士們如果沒有後路，定會拼死反擊。我之所以背水列陣，其實是調動所有兵士的士氣，大家同仇敵愾，齊心協力，必定能夠克敵制勝！」

💡 孩子從故事裡學到了什麼？

韓信審時度勢，活用兵法，激發並善用眾人的力量，一舉打敗比自己強大得多的趙軍，完美的詮釋了「能用眾力，則無敵於天下」這個道理。兄弟齊心，其利斷金，眾志成城的力量是多麼的驚人！在當今的企業管理中，只有集合眾人的智慧，發揮每個成員的優勢，組成一個強大的商業團隊，才有可能在商場上縱橫馳騁，所向披靡。

名言 59

善氣迎人，親如弟兄；惡氣迎人，害于戈兵。

——管仲

名言解讀

在人際交往中，和善的態度會讓彼此的關係親如兄弟；而惡語相向，只會帶來不必要的麻煩。

名人小檔案：管仲

管仲（？—西元前645年）名夷吾，又名敬仲，字仲，潁上（今安徽潁上）人，春秋時期齊國著名的政治家、軍事家，輔佐齊桓公稱霸諸侯，被稱為「春秋第一相」。

名人故事：用態度改變世界

班傑明‧富蘭克林（Benjamin Franklin）12歲時就開始在印刷廠當學徒。17歲時，他隻身前往費城，用所有的積蓄投資開辦了自己的印刷廠。他很想獲得為議會影印檔案的生意，但是存在一個很大的障礙——議會中有一個有錢有勢的議員非常不喜歡富蘭克林，還曾在公開場合批評過他。

怎樣解決這個棘手的問題呢？富蘭克林決定從改變自己的態度開始，以此來改變議員對自己的態度，讓他喜歡自己。

於是，富蘭克林給那名議員寫信，語氣非常的友好、尊敬，其中寫道：「您好，聽說您的藏書室裡有一本非常稀有和特殊的書，懇請您借給我，讓我一睹為快。」

很快，富蘭克林就收到議員派人送來的那本書。大約一個星期後，富蘭克林將書送還給議員，並隨書附上一封感謝信，並在信中談到讀後的一些感想。

當再次和議員在議會相遇的時候，議員竟然主動和富蘭克林打招呼。從那以後，兩個人成為了很好的朋友，議員為富蘭克林提供了很多幫助。富蘭克林拿下為議會影印檔案的生意自然也就不在話下了。

> ### 💡 孩子從故事裡學到了什麼？
>
> 富蘭克林的故事讓我們知道，給人充分的尊重與友愛，即便是敵人也能變成朋友。中國有「投桃報李」之說，你的態度往往會決定別人對你的看法和態度，與人為善，人才會與你為善，讓我們共同創造一個和諧、友善的社會氛圍吧。

小不忍，則亂大謀。

—— 《論語》

名言解讀

在小事上不能夠忍耐，就有可能會壞大事。

名人小檔案：司馬懿

司馬懿（西元179年－251年），字仲達，河內郡溫縣孝敬里（今河南省溫縣招賢鎮）人，三國時期魏國政治家、軍事家、權臣。多次率軍對抗諸葛亮等人，以其功著，封舞陽侯。其孫司馬炎稱帝後，追尊為晉宣帝。

名人故事：忍耐，取勝的另一種途徑

三國時期，蜀魏兩軍在五丈原相持。蜀軍主帥諸葛亮一再派人前去叫陣甚至百般辱罵，但是魏軍在司馬懿的約束下，始終堅守不出兵。

一天，司馬懿收到諸葛亮派人送來的一個大禮盒，裡面竟然是一套婦女穿的衣服和一封書信。司馬懿一看，頓時怒火中燒，但表面上仍然保持平靜，他拆開書信，只見信上寫道：「司馬將軍，你雖然統帥三軍，卻沒有膽量和我決戰，而是終日躲在大營之中，小心防範刀箭，這豈不是婦人的做法？現在我派人送去一套婦女的服裝，你如果還是不敢出戰，那就恭敬的接受吧；如果你仍是鬚眉大丈夫，那就立即拿起刀槍，定下決戰的日期。」

禮盒和信的內容徹底激怒了魏軍的眾將官，他們紛紛要求出戰：「我們都是魏國的將領，身為將士，寧可戰死沙場，也不能忍受敵人這般的侮辱。諸葛亮這麼做是在侮辱魏軍眾將士，是在侮辱魏國！」司馬懿勸大家說：「我並非貪生怕死，而是不得不忍辱負重。天子命令我們堅守不戰，現在出戰，便是抗旨。你們要出戰，等我向天子請示之後再議。」大家只能暫且忍耐下去。

司馬懿上書皇帝曹睿，表面上是請戰，實際上是希望以皇帝的嚴旨來遏制眾將的激動情緒。曹睿瞭解到司馬懿的用意，立即下令司馬懿大軍繼續堅守不戰，如膽敢違抗聖旨，一律嚴懲。眾將這才不得不靜下心來，加強防範，等待時機。

沒過多久，蜀軍大營就傳出諸葛亮因積勞成疾的病死消息。失去主帥的蜀軍大舉退敗，魏軍取得了勝利。

💡 孩子從故事裡學到了什麼？

司馬懿深諳「小不忍則亂大謀」之理，強忍侮辱，取得了最終的勝利。凡是能成就大事業的人，必然具有非凡的忍耐力。能屈能伸是一種上乘的智謀，是自我修煉的境界。有時候，忍耐意味著一次痛苦的投資，但是一定會在未來帶來驚人的回報。

水至清則無魚，
人至察則無徒。

—— 《大戴禮記》

名言解讀

水過於清澈，魚就難以在裡面生存。同樣，在社會上，如果一個人太過精明、苛察，就不能包容他人，也就很難交到朋友。

名著小檔案：《大戴禮記》

《大戴禮記》共85篇，是漢朝學者戴德根據漢初劉向收集的《禮記》130篇綜合、精簡而成的。

名人故事：寬容，做人的海量

唐朝大將郭子儀平定「安史之亂」，又多次率軍抵禦以吐蕃為首的外族入侵，可以說是戰功赫赫，威望極高，這難免遭到朝中一些佞臣的嫉恨。

後來，皇帝聽信了魚朝恩等幾個佞臣對郭子儀的詆毀，罷免了郭子儀的兵權。魚朝恩見郭子儀丟掉大權，就趁此機會暗地裡派人挖毀郭子儀家的祖墳。

郭子儀得知後立刻回到朝中，朝野上下頓時大亂，大家紛紛猜測郭子儀可能會因此被逼造反。皇帝也是忐忑不安，急忙親自慰問郭子儀。出人意料的是郭子儀並沒有向皇帝告狀，而是伏地大哭，說：

「臣長時間帶兵征戰，有時也會有士兵幹挖墳掘墓的事情，我都沒有制止。現在有人挖我家的祖墳，這是報應啊！」

魚朝恩始終擔心郭子儀會報復他，便想先下手為強，在家設宴除掉郭子儀。下屬們都勸郭子儀不要去，以免被奸人所害。但郭子儀卻不以為然，只是帶上幾個家僕就去赴宴。魚朝恩非常驚訝，在得知事情的原委之後，一向陰險惡毒的魚朝恩都被郭子儀的寬仁忠厚感動得痛哭流涕。從此之後，不但再沒有和郭子儀為敵，還處處維護他。

💡 孩子從故事裡學到了什麼？

郭子儀看似妥協、軟弱，實際上卻有著高明的處世技巧——以寬容來化險為夷，化敵為友。寬容是智者的寧靜，是仁者的虔誠。過分的苛求責難，只會把自己置於眾矢之的；而適度的寬容大度，適時的視而不見，就如同碧海萬里，給自己無限的輕鬆，也給他人轉圜的空間。

窮則變，變則通，通則久。

──易經

名言解讀

事物一旦到達極限就要改變它，改變才能夠通達，通達才能夠保持得長久。

名人小檔案：華特·迪士尼

華特·迪士尼（Walter Elias Disney，西元 1901 — 1966 年），世界著名的的電影製片人、導演、劇作家、配音演員和動畫師，迪士尼公司的創始人。

名人故事：把握逆境中的靈感

1928 年的華特·迪士尼正處在人生的最低谷。信心滿滿的他只工作了一個月，就被美術公司解雇。接下來，他和哥哥也成立了一家美術公司，但不久就面臨來自資金週轉和發行商的雙重壓力，瀕臨倒閉。

為了繼續自己的理想，華特·迪士尼毅然遠行。剛開始，他到堪薩斯的一家報社謀職，但主編認為他的畫沒有新意，不予錄用。後來，他只能靠為教堂畫一些宣傳品來維持生計。

一天，當迪士尼正為沒有繪畫靈感而苦惱的時候，他看到在昏暗的燈光下有一對亮晶晶的小眼睛，原來是一隻小老鼠！當他想看得再仔細些的時候，小老鼠卻飛快的溜走。從那以後，小老鼠就成為迪士尼所住的倉庫的常客，牠看到迪士尼沒有敵意，膽子也漸漸變大，在

倉庫的地板上做各種動作，就像表演雜技一樣，逐漸成為迪士尼的好夥伴。

在無數個黑夜裡，華特‧迪士尼都在苦苦思索出路，甚至開始懷疑自己的能力。忽然，一道靈光在他的腦海中閃過，倉庫中那個活潑可愛的小老鼠，不正是一個很好的卡通形象嗎？他迅速拿起筆在紙上畫出一隻老鼠的輪廓。

有史以來最偉大的老鼠──米老鼠就這樣誕生了。牠使華特‧迪士尼的命運從此改變，也為龐大的迪士尼帝國打下堅實的基礎。

孩子從故事裡學到了什麼？

在華特‧迪士尼在繪畫生涯陷入困境的時候，是一隻小老鼠給了他新的創作靈感，從此事業掀開了新的篇章。身處逆境，不求新求變，必然會走入絕境。沒有創新，就沒有人生的峰迴路轉；只有創新，才會有人生的柳暗花明。

孩子，我想跟你說……

乖一點！
別使性子啦！

拾

禮儀

讓孩子擁有高尚情操！

名言 63

志量恢弘納百川，邀遊四海結英賢。

——馬致遠

名言解讀

一個人只要擁有遠大的志向和海納百川的氣度，無論身處何地，都能夠結交英雄和賢士。

名人小檔案：馬致遠

馬致遠（西元 1250—約 1321 年），以字行世，名不詳，晚號東籬，大都（今北京）人，與關漢卿、鄭光祖、白樸同稱「元曲四大家」，是我國元代時著名大戲劇家、散曲家。青年時期仕途坎坷，中年中進士，曾任江浙行省官吏，後在大都（今北京）任工部主事。馬致遠晚年不滿時政，隱居田園。散曲作品頗負盛名，《天淨沙·秋思》便是千古傳誦的名篇。

名人故事：氣度決定成敗

三國時期，曹操在官渡之戰中一舉打敗袁紹，實際上取得了中國北方地區的統治權。戰爭過後，曹操繳獲袁紹大量的物品，包括圖書、資料、檔、書信等。在這些物品裡，曹操發現竟然下屬寫給袁紹的密信。兩軍交戰之際，竟然有人敢私通敵軍，傳遞軍情，真是罪不可赦。但出人意料的是，曹操並沒有將叛徒找出來定罪，而是下令將書信全部燒毀。

曹操的做法讓謀臣感到疑惑：「主公，為何要把這些重要的證據都燒毀呢？難道主公真的不怕叛徒繼續留在身邊會有危險嗎？」曹操回答說：「官渡之戰前，對我們能否以弱勝強，連我自己心裡都不是很有把握，更何況大家呢？為保住自家性命，做出這樣的事情也是可以理解的。」眾人聽後都十分感動，覺得曹操能夠不計前嫌為臣下設想，於是更加忠心。

其時，曹操燒掉信件還有另一重的考慮。曹操清楚現在正是用人之際，翻舊賬很容易造成軍中的恐慌。於是，曹操把證據全部燒毀，選擇以包容代替懲罰，那些曾經背叛的人自然會對他感恩戴德，忠心耿耿。

> ### 💡 孩子從故事裡學到了什麼？
>
> 成大事者，既要有大志，亦要有大度。曹操為一代梟雄，立志一統中原，又有海納百川之氣度，其手下謀臣、勇士如雲，不是沒有原因的。在日常生活中，我們也要立大志，養大度。立大志，才有前進的方向；養大度，才有超越常人的環境適應能力，更快走向成功。

名言 64 　一日為師，終身為父。

——關漢卿

名言解讀

哪怕只有一日的師徒之緣，也應當一輩子尊敬你的老師，就像一輩子尊敬自己的父親一樣。

名人小檔案：關漢卿

關漢卿，大約生於金代末年（約西元 1229 — 1241 年），卒于元成宗大德初年（約西元 1300 年前後），號已齋，元代著名的雜劇作家。《竇娥冤》、《救風塵》、《望江亭》等是他的代表作。

名人故事：難忘師恩

經過多年的努力研究，居里夫人終於在 1903 年發現一種新的物質——鐳。這一重大發現，頓時震驚世界。憑藉此項發現，居里夫人獲得諾貝爾物理學獎，成為受人矚目的名人。

居里夫人雖已成名，卻沒有忘記當年的老師。她的法語老師有一個願望，就是重遊自己的出生地——法國北部的第厄普（Dieppe），可是卻支付不起從波蘭到法國的巨額旅費。當居里夫人得知此事後，主動承擔起老師的全部旅費，並且邀請老師到自己家裡來做客。居里夫人的熱情款待讓老師賓至如歸，十分感動。

還有一次，在華沙鐳研究所成立的那一天，居里夫人回到祖國出席落成典禮。典禮即將開始時，居里夫人忽然跑下主席臺，大步穿過

人群，來到一個坐在輪椅上的老婦人面前。居里夫人深情的親吻這位老婦人的雙頰，並且推著她走上主席臺。這位老婦人就是居里夫人當年的老師。此情此景，感動了在場的所有觀眾，台下響起熱烈的掌聲，臺上的老師也不禁熱淚盈眶。

居里夫人不僅是一個偉大的科學家，更是一個尊敬師長，不忘師恩的好學生！

💡 孩子從故事裡學到了什麼？

居里大人受人敬仰，不僅在於她的科學成就，也在於她高潔的情操。我們每個人都會遇到很多的老師，這些老師啟迪了我們的智慧，拓展了我們的視野，甚至改變了我們的人生。所以，要時時記得老師對我們的教導。

禮者，人道之極也。

——荀子

名言解讀

守禮，是做人的道理中最為重要的部分。

名人小檔案：廉希憲

廉希憲（西元 1231 — 1280 年），字善甫，維吾爾族，元代政治家。做官能秉公執法，興利除弊，政績卓著。死後追封為魏國公，諡文正，加封恒陽王。

名人故事：禮的準則

元世祖時期，廉希憲深得皇帝的信任，擔任中書平章政事（相當於宰相）一職。他不畏權貴，禮賢下士，深得百姓的愛戴。

有一天，南宋的降將、中樞左丞劉整來到廉希憲的府上拜訪。廉希憲對他十分冷淡，只是在外堂接見他，甚至沒有請劉整坐下。

劉整離去後不久，一位衣衫襤褸，十分寒酸的書生拿著詩稿前來拜見廉希憲。廉希憲立刻恭敬的請這位書生到書房裡詳談。兩個人相對而坐，從經史子集，談到國家大事，十分愉快。兩個人如同多年的老朋友一樣，噓寒問暖，廉希憲待他非常恭敬。

廉希憲的弟弟感到很奇怪，等到書生走後，就問他：「您向來教育我們要尊禮重道，可是自己對待兩人的態度怎麼相差這麼多呢？劉整與你同朝為官，您卻對他非常冷淡；而那個書生與您素昧平生，卻被奉為上賓。這到底是為什麼呢？」廉希憲微笑著回答：「劉整雖然

是朝廷官員，卻是南宋的降將，這種人毫無道義可言，何需禮遇？而那位知識淵博的書生則不同，他雖然貧窮，但卻熟知儒學，尊敬他，正是尊重儒術。如果連這樣的儒生都不以禮相待，那麼國家的禮法制度，又怎麼能夠得到發揚呢？」

> 💡 **孩子從故事裡學到了什麼？**
>
> 　　廉希憲冷遇曾經叛國的官員，禮遇貧寒知禮的書生，這充分表現出他自己的「知禮」。知禮循禮，不僅在於彬彬有禮的言行，更在於在人際交往中堅持原則，守正而驅邪。而知禮循禮的另一個境界，是能垂範於人前，引導整個社會和諧、文明、進步。

名言
66

不學禮，無以立。

——《論語》

名言解讀

為人處世要學禮、知禮，否則將無法立足於社會。

名人小檔案：張良

張良（？－西元前186年），字子房，封為漢留侯，諡號文成。張良因暗殺秦始皇失敗，為躲避追查而改其他名字。張良乃是漢高祖劉邦的謀臣，漢王朝的開國元勳之一，與蕭何、韓信同為漢初三傑之一。

名人故事：以「禮」換得人生的寶書

戰國時期，秦國滅掉韓國，韓國貴族張良立志復仇。他盡散家財，招募刺客，謀劃在秦始皇出巡途中刺殺他。但刺殺行動並沒有成功，張良被懸榜通緝，不得不隱姓埋名，暫時躲避到下邳，等待復仇的機會。

有一天，張良閒來無事，到下邳橋上散步。一位穿著粗布衣服的老人，看到張良走到身邊，故意把鞋子掉到橋下，回頭對張良說：「小夥子，下橋去把我的鞋子撿上來！」張良一聽不免有些惱火，但看他是個老人家，就忍住怒氣，到橋下把鞋撿上來。誰知老人竟然命令道：「把鞋子給我穿上！」張良氣得真想打他一拳，但還是半跪在地上給老人穿好鞋。老人揚長而去，沒有表示絲毫感謝。但沒走多遠，老人又轉回身來，對張良說：「你是個值得培養的孩子。五天以

後，等到天一亮，你就來這裡和我見面！」

第五天，天剛濛濛亮，張良就來到下邳橋上。沒想到那老人早已等在那裡，命令張良五天後再來。又過了五天，雞一叫，張良就趕過去，可是老人還是比他早，看見張良仍然氣得大罵：「怎麼又比我還晚？過五天再早些來！」

這一次，張良乾脆半夜就到橋上等候。老人來時看到張良，便高興的說：「這樣才對！」老人拿出一本書遞給張良，說道：「認真研讀這本書，過十年，天下形勢劇變，你就有展示才能的機會了。」這本書正是當年姜太公輔佐周武王伐紂的兵書——《太公兵法》。張良反覆熟讀，日夜研習，終於成為一名文武兼備、足智多謀的大將之才。

十年後，張良歸附於劉邦，依靠《太公兵法》向沛公貢獻良策，成為劉邦的得力軍師，大漢王朝的開國功臣。

💡 孩子從故事裡學到了什麼？

知禮守禮的張良，獲得老人的青睞，得受《太公兵法》，不但報了滅國之仇，還成了西漢的開國功臣，成就了一段傳奇。自古而今，彬彬有禮的人都受到眾人的歡迎和推崇，為人處事遇到的困難和非議較少，所以比較容易取得成功。

禮義廉恥，國之四維，四維不張，國乃滅亡。

——《管子》

名言解讀

　　禮、義、廉、恥，這四種道德是治理國家的四個準則，如果不加以弘揚、強化，國家就會滅亡。

名著小檔案：《管子》

　　春秋時期齊國政治家、思想家管仲及管仲學派的著述總集。大約成書於西元前 475～前 221 年之間。劉向編定《管子》時共 86 篇，今本實存 76 篇，分為 8 類，其餘 10 篇僅存目錄。

名人故事：打造一流企業的「法寶」

　　美國 GE 公司（General Electric Company，奇異電氣）前任 CEO 傑克‧威爾許（Jack Welch）是全球著名的企業家，深諳企業的管理之道。在他的領導下，GE 公司成為世界上最有競爭力的企業之一。

　　在一次保險業經理人集會上，一位女士問威爾許：「在面試中，您會提什麼樣的問題，來決定雇用誰呢？」經驗豐富的威爾許回答說：「我無法回答。」後來，在他的書中，他寫的第一個考驗標準就是「正直」！正直，就是要說真話，守信用，對所作的事情負責。他

自己就是一個直言坦率的人，時刻保持著坦誠的態度。正如前面提到的，他無法回答問題也不會覺得丟臉，反而誠實的告訴對方。

此外，GE 公司堅持誠信觀念，非常重視危機管理工作，這能幫助他們更好的應對企業危機，積極的為可能發生的危機做好準備，力圖防患未然。威爾許曾在書裡寫道：「隨著面臨的問題被全面曝光，你必須在別人進一步揭露之前率先站出來，澄清公司的立場。」企業的各種問題總是無處不在，而威爾許總是能以真誠坦率的態度，妥善解決。

一個企業的管理，就如同一個國家的管理。員工的精神準則、做事的廉潔誠信以及面對各種錯誤的坦率認真，正是威爾許為 GE 公司打造的制勝法寶。憑藉這些法寶，他把 GE 公司推上世界第一的寶座，也讓自己的管理理念風靡全球。

💡 孩子從故事裡學到了什麼？

GE公司以誠信、廉潔、真誠的態度，樹立了一個國際著名企業的良好形象。大到企業經營，小到個人修養，禮、義、廉、恥都是不可或缺的道德準則。企業想要強大，必須以誠信為本，遵守市場秩序。同樣，每一個人也都應該以誠待人，以禮服人。

名言
68
衣食以厚民生，
禮義以養其心。

——許衡

名言解讀

衣服和食物可以用來豐富人們的生活，禮儀和道義可以用來修養人們的心靈。

名人小檔案：許衡

許衡（西元 1209 — 1281 年），字仲平，懷州河內李封（今河南省焦作市中站區李封村）人，學者稱之魯齋先生，諡號文正，封魏國公。元代傑出的理學家、教育家和天文曆法學家。著有《魯齋集》、《魯齋心法》等。

名人故事：以禮治天下

東漢明帝劉莊自幼就表現出過人的資質，10 歲時就通曉《春秋》，對國家大事也頗有見地。光武帝劉秀任命桓榮擔任劉莊的老師，桓榮盡心竭力的輔助太子讀書，教授他治國之策，為君之禮。漢明帝對桓榮的教誨銘記於心，對他也十分的信任。

登基後，漢明帝仍然奉桓榮為老師，按照尊師的禮節來對待他。漢明帝經常親自到桓榮居住的太常府聆聽指教，請桓榮對治國政策提出意見。不但如此，漢明帝還將文武百官也召集到桓榮的府中，聽桓榮講學。每次探望老師，漢明帝都是一進街口就下車步行，以示尊

重。講學時，漢明帝讓桓榮坐在上位，而自己還像當年一樣，坐在下位。漢明帝也不忘桓榮的教誨，熱心提倡儒學，下旨命皇子、王侯及大臣等也一同學習經書。

後來，桓榮病重，漢明帝每天都派人專程前往慰問，甚至親自登門。等到桓榮病逝，漢明帝悲痛萬分，換上喪服，親自為老師送葬，並對桓榮的子女做了妥善的安排。

漢明帝一生勤政，繼續執行光武帝的休養生息政策，以禮儀之道教化天下，延續了「光武中興」的盛世局面。

💡 孩子從故事裡學到了什麼？

漢明帝身為一國之君，能尊師重道，始終如一，為天下臣子做出了表率。禮法和道義是人類的精神食糧，如果以兩者治國，可以開創太平盛世；以兩者齊家，可以擁有和睦之家；以兩者修身，則可以具有高尚情操。

名言 69

禮尚往來。往而不來，非禮也；來而不往，亦非禮也。

——《禮記》

名言解讀

禮儀重在相互往來、互助互濟。有往無來，或者有來無往，都是不符合禮節的。

名人小檔案：張英

張英（西元 1637 — 1708 年），字敦複，號樂圃，卒諡文瑞。安徽桐城人，康熙朝文華殿大學士，兼禮部尚書。張英為官勤細謹慎，康熙讚他：「始終敬慎，有古大臣風。」

名人故事：禮儀的互動

一天，文華殿大學士張英接到一封家書，看完之後，他覺得又好氣又好笑。原來在桐城老家，一個姓葉的秀才把自己告到了當地縣衙，就為了爭奪一堵牆。

張英老家新蓋房子，緊靠著鄰居葉秀才家的牆。葉秀才提出要張家在兩家之間留出一條路以便通行。但是張家認為若想留出路，應該兩家都讓出幾尺才行。當時，張英、張廷玉父子兩人都在朝為官，管家認為：「堂堂宰相之家，難道還得讓窮秀才不可？」葉秀才嚥不下這口氣，於是一紙訴狀告到衙門。

　　張英看完信，毫不猶豫的提筆在紙上寫下：「一紙書來只為牆，讓他三尺又何妨？萬里長城今猶在，不見當年秦始皇。」

　　管家接到張英的回信，立刻明白其意，告訴葉秀才會馬上請人拆牆，並後退三尺。葉秀才起初不信，但看了張英的回信後，才連聲稱讚張英胸襟寬廣，真是「宰相肚裡能撐船」。

　　第二天，張家和葉家一同動手拆牆，各自退後三尺，於是在兩家間就出現一條寬六尺的巷子。這條「六尺巷」後來成為桐城縣一處歷史名勝，一直保存至今。

💡 孩子從故事裡學到了什麼？

　　張英身居高位卻不自負，而是心胸豁達，和睦鄉鄰。他主動退讓三尺，實在難得；而葉秀才也有來有往，再讓三尺以示敬佩，也成就了「六尺巷」這一段佳話。投之以桃，報之以李，禮尚往來能建立和諧的人際關係，使你在和諧的環境中如魚得水。

禮之用，和為貴。

——論語

名言解讀

禮的應用，應當以和諧為貴。

名著小檔案：《論語》

《論語》共20篇，首創語錄體。漢語文章的典範性也發源於此。《論語》一書忠實記述了孔子及其弟子的言行，也集中反映了孔子及儒家學派的思想。

名人故事：以「和」為貴，以「禮」服人

宋就是梁國的大夫，曾在一個與楚國相鄰的縣裡擔任縣令。當時，楚國和梁國相鄰的兩個村莊都種西瓜。楚國的村民由於疏於澆水，瓜長得很小，而且味道苦澀。而梁國的村民都是種瓜能手，每天辛勤勞作，細心照料，瓜長得又大又甜。這讓楚國的村民心生嫉恨，在夜裡偷偷跑到梁國去破壞對方的瓜蔓，讓梁國的瓜無法成熟。

梁國的村民發現了楚國人的破壞行動，就向縣令宋就告狀，並打算也對楚國報復。宋就瞭解情況之後，耐心對村民們說：「怎麼能用這種手段呢？你們報復他們，他們還會回來報復你們，仇恨只會越結越深，到頭來兩個村子的瓜都長不好。不如，你們每天都去楚國的瓜地裡幫他們澆水，他們的瓜也長得好，就不會再嫉恨你們了。」

梁國的村民聽從宋就的勸告，時常在夜裡去幫楚人澆灌瓜田。楚人發現自己的瓜越長越好，覺得很奇怪，就暗地裡觀察，終於發現是

梁人在暗中幫忙。楚王知道了這件事，十分佩服宋就以和為貴、識大體、顧大局的處事方法，也為自己國人先前的做法感到慚愧，於是以厚利答謝梁王，與梁國結盟。

孩子從故事裡學到了什麼？

　　宋就的謙和禮讓，避免了一場糾紛，更促成了兩國的結盟。若是我們也能謙和忍讓，多包容他人的過失，就能贏得別人的尊重和效仿，共同創造和諧的環境。在生活中難免產生矛盾、發生糾紛，針鋒相對常常解決不了問題，以和為貴才是明智的選擇。

就要好品格。

孩子，我想跟你說……

乖一點！
別使性子啦！

拾壹

人生

讓孩子學習處世
的大道理！

名言 71

人生在勤，勤則不匱；
戶樞不蠹，流水不腐。

——許名奎

名言解讀

　　人生在世，最重要的就是要勤奮，只要勤奮就不會出現匱乏的情況。這就如同經常轉動的門軸不會被蟲蛀，流動的水不會腐臭一樣。

名人小檔案：祖逖

　　祖逖（西元266年－321年），字士稚。范陽遒縣（今河北淶水）人，東晉時期將領，為恢復中原而致力北伐，但最終失利。著名的「聞雞起舞」就是他和劉琨的故事。

名人故事：磨礪出成功的利劍

　　祖逖少年喪父，由兄長撫養長大。他幼時不喜歡受拘束，也不認真讀書。等到長大了一些，他才意識到自己的淺薄和知識的匱乏，開始發憤苦讀。祖逖如饑似渴的從書本中汲取知識，從先賢的故事中學得智慧。他還經常到京都、洛陽向知識淵博的人請教，並結識有志之士，接觸過祖逖的人無不稱讚他為治國之才。

　　後來，祖逖和名士劉琨一同擔任司州主簿。兩人感情深厚，有著共同的志向，渴望建功立業，報效祖國。因為志同道合，兩人常同床而臥，同被而眠。

　　一次，祖逖在睡夢中聽到公雞的叫聲，就推醒身旁的劉琨，說：「人們都認為在半夜裡聽到雞叫是不吉利的事情，我偏偏不這樣想！以後，咱們乾脆聽見公雞叫就起床來練劍，如何？」劉琨欣然同意。

　　於是，祖逖和劉琨每天聽到雞叫就起床練劍，無論酷暑嚴冬或風霜雨雪，都無所畏懼。皇天不負有心人，經過長期的刻苦練習，兩人文可以寫就妙筆文章，武可以統率千軍萬馬。

　　祖逖後來當上鎮西將軍，劉琨則成為征北中郎將，兩個人的文采武略終於可以得到施展，報效祖國的願望也得以實現。

💡 孩子從故事裡學到了什麼？

　　祖逖日復一日的勤學苦練，為實現心中的志向而不懈努力。無論是個人還是企業，想獲得成功，都離不開勤奮和創新。現在，雖然我們的生活更優越，條件更豐足，但仍應牢記「生於憂患，死於安樂」的古訓，絕不能停下奮鬥和開拓的腳步。

名言
72

人固有一死，或重於泰山，或輕於鴻毛。

—— 司馬遷

名言解讀

　　人生在世，難免一死，但死的價值卻有不同。有的人死得轟轟烈烈，比泰山還重；有的人則死得毫無價值，比鴻毛還輕。

名人小檔案：文天祥

　　文天祥（西元 1236 — 1283 年）原名雲孫，字履善，又字宋瑞，自號文山、浮休道人，吉州吉水（今屬江西吉安）人，南宋傑出的民族英雄和愛國詩人。著有《文山先生全集》，名篇有《正氣歌》、《過零丁洋》等。

名人故事：浩然正氣，千秋凜然

　　西元1283年，文天祥已經在獄中被關押7年之久，將被押到柴市口刑場斬首。但此時文天祥沒有一絲的恐懼，因為他已經盡了做臣子的職責，問心無愧。

　　西元1275年，元軍開始向南宋都城臨安（今杭州）發動攻擊。文天祥聞訊，立即捐獻家資，招募兵士，組成一支萬餘人的義勇軍前往臨安勤王。然而義勇軍終難抵擋元朝大軍淩厲的攻勢，元軍已經兵臨臨安城城下。

南宋的文武官員紛紛出逃，文天祥則臨危受命，前往元軍大營議和，卻被元軍將領伯顏扣留。伯顏希望能夠勸降文天祥，利用其聲望盡快建立威信。但是文天祥寧死不屈，在押解的途中，他冒險逃走，歷盡艱辛終於到達位於福州的南宋行朝。之後，文天祥開始在福州、南劍州、潮陽等地組織抗元鬥爭。但終是寡不敵眾，西元1276年，文天祥被元軍將領張弘範俘虜。

張弘範多次逼迫文天祥寫信勸降南宋行朝的張世傑，都被文天祥拒絕。文天祥把自己所做的《過零丁洋》拿給張弘範看。當張弘範讀到：「人生自古誰無死，留取丹心照汗青」兩句時，不禁深受感動，便不再強迫文天祥寫信。

文天祥被關在獄中7年，始終保持著堅定的信念，無論是威逼、利誘都無法讓他改心易志。47歲時，文天祥引頸就義，殺身成仁。

💡 孩子從故事裡學到了什麼？

文天祥用一腔熱血實踐了精忠報國的誓言。從古至今，仁人志士為國、為民、為真理、為正義，義無反顧、至死不渝，他們的死比泰山還重。孔曰成仁，孟曰取義，這是民族堅強的精神，也是一個人行走於世的信念。

名言 73　人誰無過，過而能改，善莫大焉。

——左傳

名言解讀

人生在世，誰沒有過錯。犯錯誤之後可以及時改正，這樣還是很好的。

名著小檔案：左傳

《左傳》原名《左氏春秋傳》，又稱《春秋左氏傳》或《左氏春秋》。它起自魯隱西元年（西元前722年），迄於魯哀公27年（西元前464年），是為《春秋》做註解的一部史書，與《公羊傳》、《穀梁傳》合稱「春秋三傳」。《左傳》是一部史學名著和文學名著，也是我國現存最早敘事詳細的編年體史書。

名人故事：不要被缺點主宰

齊威王甫即位時每天吃喝玩樂，完全不把國家大事放在心上。鄰國時常來侵，齊威王也不著急，打了敗仗也無所謂。大臣們屢次勸告，他也全不理會。

有一天，一個自稱為齊國人，名叫鄒忌的琴師聽說齊威王喜歡音樂，特來拜見。鄒忌叩拜之後，調好琴弦做出彈奏的樣子，但只是把兩隻手擱在琴弦上，遲遲不動。

齊威王問他：「你調完琴弦，怎麼不彈呢？」鄒忌回答：「我不光會談琴，還懂得彈琴的一套大道理。」齊威王很感興趣，就叫他細細講講。鄒忌開始講彈琴的理論，講得天花亂墜，卻始終不見他有要演奏的意思。齊威王本來覺得很有趣，但聽著聽著就不耐煩起來，對鄒忌說：「你說得很好，可是你為什麼不彈給我聽呢？」鄒忌說：「大王瞧我拿著琴不彈，覺得有點奇怪吧？怪不得齊國人看大王拿著齊國這張大琴，卻從來沒有彈過一回，讓天下的人也覺得奇怪呢！」

齊威王沉默片刻，站起來說：「原來先生是拿著琴來勸告我，現在我已經明白了。」他馬上叫人把琴拿下去，和鄒忌開始談論國家大事。

鄒忌建議齊威王廣攬人才並委以重任，積極發展生產，操練兵馬，為建立霸業做準備。齊威王聽得連連點頭，拜鄒忌為相國，委託他處理朝政和整頓吏治，把齊國治理得井井有條。

孩子從故事裡學到了什麼？

齊威王聽從鄒忌的勸告，奮發向上，由一個無能的昏君變成了賢明的君王，使齊國成為當時最富強的諸侯國之一。聖賢和普通人相比，並沒有什麼特別的地方，只是他們能夠發現自己身上的不足，並及時改正。而現在某些人犯了錯誤還自以為是、拒絕修正，實在是應該跟齊威王好好學習了。

名言
74

世事洞明皆學問，
人情練達即文章。

—— 曹雪芹

名言解讀

能夠透徹的明白事理，這都是學問；能夠恰當的處理人情世故，總結出來的經驗就是文章。

名人小檔案：曹雪芹

曹雪芹（生卒年不詳）名霑，字夢阮，號雪芹，又號芹溪、芹圃。祖先原為漢人，後入旗籍，為正白旗漢族包衣。清代小說家，中國「四大名著」之一《紅樓夢》的作者。

名人故事：化解危機的妙方

提及英國的溫莎公爵（Edward Albert Christian George Andrew Patrick David），人們首先想到的是他不愛江山愛美人的傳奇故事。但溫莎公爵在隨機應變、待人處世方面的才能，卻少有人知曉。

有一次，英國王室在倫敦舉行盛大的晚宴，招待當地的印度居民領袖，而主持這次宴會的正是當時的王儲溫莎公爵。

宴會進行得非常順利，賓主之間相談甚歡，氣氛十分融洽。作為主持人的溫莎公爵表現得十分得體，和每一位客人熱情寒暄。但在宴會接近尾聲時，侍者陸續端著精巧的銀質器皿走到客人身邊。每個精緻的銀器裡面都盛著亮晶晶的水，印度客人們想都沒有想就端來一

飲而盡。這一舉動讓作陪的英國貴族們目瞪口呆，因為侍者們端來的是用來洗手的水。在場的英國人不知如何是好，紛紛將目光投向主持人溫莎公爵。

只見溫莎公爵神色自若，好像什麼也沒有發生過。他一邊繼續和身旁的客人談話，一邊端起手邊的洗手水，像客人一樣一飲而盡。其他人看見溫莎公爵這樣做，也紛紛效仿，喝光銀器裡面的水。

溫莎公爵的舉動使本來的難堪和尷尬一掃而光，宴會也得以順利圓滿結束。

💡 孩子從故事裡學到了什麼？

溫莎公爵隨機應變，看似漫不經心，其實是巧妙的化解了突然出現的危機。這一舉動雖然簡單，卻離不開溫莎公爵敏銳的洞察心和豐富的處事經驗。人情世故是一門課程，只要有心，就是這個社會的佼佼者。

名言 75 人情處危則慮深，居安則意怠，而患常生於怠忽也。

——歐陽修

名言解讀

人處在危急困難的環境中，往往能夠深思熟慮，考慮得深遠；在安逸的環境中，意志往往就會懈怠，然而禍患就常常產生於這種懈怠之中。

名人小檔案：華盛頓

喬治‧華盛頓（George Washington，西元 1732 — 1799 年）在美國獨立戰爭中擔任陸軍總司令，為美國的獨立做出巨大的貢獻。1789 年華盛頓當選美國第一任總統，被尊稱為美國的「國父」。

名人故事：選擇艱苦

喬治‧華盛頓出生在美國的維吉尼亞州，是一個富有的莊園主的兒子。這樣的家庭條件讓喬治‧華盛頓從小過著安逸的生活，接受良好的教育。

不到 20 歲，華盛頓就繼承了一筆相當可觀的遺產。但是華盛頓並不希望一輩子待在莊園裡，過著悠閒舒適的生活。從曾經身為軍人的哥哥勞倫斯身上，華盛頓懂得嚴以律己和講究紀律的重要性。他希望能和哥哥一樣有所作為，於是，他為自己制定下詳細的「待人接物行為準則」，並嚴格遵守。

21歲時，喬治・華盛頓選擇進入軍隊服役。在軍隊期間，他認真鑽研軍事戰術，學習武器的使用。這一時期，正值法國人入侵美洲大陸，華盛頓率領軍隊開始和法國人的戰鬥。戰爭之初，華盛頓的軍隊十分被動，屢戰屢敗。他自己也是九死一生，軍衣被打穿，戰馬被射殺，但是他從不氣餒。豐富的戰鬥經歷為喬治・華盛頓積累了軍事經驗和威望，也幫助他後來當選抗英獨立戰爭的總司令，並最終成為美國的「國父」。

💡 孩子從故事裡學到了什麼？

喬治・華盛頓拋棄安逸的生活，選擇到戰火硝煙中磨礪自己，使自己從莊園之主成為一個影響歷史的偉人。鋒利的寶劍來自於千萬次的磨礪，真正的英雄要經受千百次的考驗。選擇艱苦，意味著向命運發起一次有力的挑戰，也意味著向勝利吹響一次進攻的號角。

名言
76

路漫漫其修遠兮，
吾將上下而求索。

—— 屈原

名言解讀

追尋真理的道路是那麼漫長，但是我始終會百折不撓，不遺餘力的去追求和探索。

名人小檔案：喬爾丹諾‧布魯諾

喬爾丹諾‧布魯諾（西元 1548 — 1600 年），出生於義大利那不勒斯附近的諾拉鎮。義大利哲學家、思想家和天文學家。因為宣傳哥白尼的「日心說」，而被天主教會處死。

名人故事：真理之火不滅

西元 1600 年 2 月 17 日，在羅馬的白花廣場高高的十字架上，被濃煙和火焰包圍著的布魯諾神情依然堅定：「火，不能征服我，未來的世界會瞭解我，會知道我的價值！」

布魯諾出生在義大利那不勒斯附近的諾拉小鎮，由於家境貧困而在修道院長大。當他接觸到哥白尼的《天體運行論》時，立刻被吸引，浩瀚的宇宙激起布魯諾的熱情。從此，布魯諾開始追求科學真理，決心為此奮鬥終生。

從選擇信奉哥白尼「日心說」的那一刻起，布魯諾就成為宗教的叛徒，開始長期漂泊國外的生活。艱苦的歷程並沒有降低他宣傳科學真理的熱情，他認真的傳播科學，與官方經院的理念對抗鬥爭。

布魯諾在哥白尼「日心說」的基礎上，提出自己的天文學說。在《論無限宇宙及世界》（On the Infinite Universe and Worlds）一書中，布魯諾提出宇宙無限的思想，他認為「宇宙中有無數繞著各自太陽運轉的地球，就像那些繞著我們的太陽運轉的行星一樣。而人類所看到的宇宙，只是無限宇宙中極小的一部分。」布魯諾甚至提出「在別的行星上，也有生物，甚至還有像人一樣的智慧動物」的大膽構想。

但布魯諾因此被天主教會視為十惡不赦的叛徒，天主教會在西元1592年逮捕了布魯諾，把他囚禁在監獄中，一切的恐嚇利誘都無法動搖布魯諾相信真理、相信科學的信念。天主教會無計可施，決定以死亡封住布魯諾的嘴。

天主教會雖然燒死了布魯諾，但是在布魯諾的努力下，哥白尼的學說已經如燎原之火燒遍歐洲。喬爾丹諾・布魯諾的智慧遠遠超越時代，是真正的科學和真理的先知。

💡 孩子從故事裡學到了什麼？

人固有一死，或重於泰山，或輕於鴻毛。布魯諾在追尋真理的道路上不屈不撓，最終獻出了自己的生命，他的死重於泰山。在人類歷史上，正是有許許多多像布魯諾一樣勇往直前的鬥士和先知們，真理，才能不斷的昂首前行。

人生百年，立於幼學。

—— 梁啟超

名言解讀

人一輩子很長，但幼年時所學的知識最為重要，對一個人的影響也最大。

名人小檔案：梁啟超

梁啟超（西元 1873 — 1929 年），字卓如，號任公，別號飲冰室主人、飲冰子、中國之新民等，廣東新會人。近代思想家，戊戌維新運動領袖之一。著有《飲冰室合集》、《中國文化史》、《中國近三百年學術史》等。

名人故事：范仲淹幼學勵志

西元 1014 年，迷信道教的宗真宗率領文武百官到太清宮參拜，看熱鬧的百姓擠滿了整條街道，只有一個人不為所動。朋友叫他一起去看皇帝，他卻回答：「將來再看也不晚。」果然，只一年，他便得中進士，進京見到皇帝。這個人就是北宋著名的文學家、思想家范仲淹。

范仲淹在山東緇州長山縣的一個大戶人家裡長大。雖然生長在富貴人家，范仲淹卻離開家，住到醴泉寺，每天很早就起床開始讀書，片刻不懈，連寺裡的苦行僧人都十分欽佩他。那時，范仲淹每天只配著醃菜吃一鍋稠粥。但清貧的生活並沒有讓范仲淹感到艱苦，因為在書本之中他找到了更大的樂趣。

23 歲時，范仲淹辭別母親，來到應天府書院求學。應天府書院不僅藏書眾多，還聚集著眾多志向高遠、才華出眾的英才。范仲淹十分珍惜這來之不易的學習機會，一有時間就向名師請教，晝夜不休的苦讀。數年之後，他對儒家經典的主旨已經了然於胸，詩文修為已是上乘。

正是少年時的苦讀和磨礪，讓范仲淹擁有了豁達的氣度，寫出「先天下之憂而憂，後天下之樂而樂」的千古佳句，展現出一個政治家憂國憂民，先人後己的高尚品格。

💡 孩子從故事裡學到了什麼？

憑藉少年時的勤奮苦讀，范仲淹不但積累了豐富的學識，更培養了自己堅強的意志和寬廣的胸懷。俗語說：「一年之計在於春，一日之計在於晨。」在人的一生中，青少年時代是最寶貴的。在這個時期努力奮鬥、不斷開拓，以後的人生之路才能越走越寬。

孩子，我想跟你說……

乖一點！
別使性子啦！

拾貳 人才

讓孩子學習成為
領導者！

名言 78

人材者，求之則愈出，置之則愈匱。

—— 魏源

名言解讀

如果你積極的去尋找，並提供良好的發展環境，就能得到越來越多的人才；如果對人才置之不顧，那麼終有一天將吞下人才匱乏帶來的惡果。

名人小檔案：魏源

魏源（西元1794年—1857年），原名遠達，字默深，一字墨生，又字漢士，號良圖。清湖南省邵陽縣金潭人（今邵陽市隆回縣金潭）。為晚清思想家，新思想的倡導者。著有《書古微》、《詩古微》、《老子本義》、《海國圖志》等。

名人故事：為人才搭建「黃金台」

燕昭王即位時，燕國國勢衰微，燕昭王立志要使燕國強大起來。他深知人才的重要性，可是苦無物色良才的方法。

這時，有人向燕昭王推薦老臣郭隗。燕昭王親自登門拜訪，請教郭隗如何招攬人才。郭隗聽後對燕昭王說：「大王，讓臣給您講一個故事吧。古時有個國君派人到處尋找千里馬，都沒有什麼收穫。一天，有一個人對他說，只要給他一千兩金子就能買到一匹千里馬。國君立即答應，誰知，那人買回來的竟然只是千里馬的骨頭。國君一見

大怒：『我要的是活的千里馬，誰叫你用一千兩金子買些骨頭回來！』那個人不慌不忙的回答：『大王，如果有人聽到您肯出千金買死馬，一定會把活的千里馬獻給您的。』他果然沒有說錯，大家都知道國君是真的愛惜千里馬，於是從四面八方送來好幾匹千里馬。」

郭隗停頓一下，說：「如果君王能夠對那些才德兼備的人以禮相待，那麼，有才幹的人就會心悅誠服的為他效勞，四方賢士也會源源不斷前來投奔。大王要招攬賢才，不妨把我當死馬骨來試一試吧。」

燕昭王聽後茅塞頓開，馬上命人為郭隗蓋起一座金碧輝煌的宮殿，並擇吉日拜郭隗為師。燕昭王還在沂水之濱修築了一座高臺，用來招徠天下賢士。各國有才能的人聽到燕昭王愛賢敬賢的名聲，紛紛前來投奔。不久，燕國就已經名士雲集，國力也逐漸強大。

💡 孩子從故事裡學到了什麼？

真誠、尊敬與執著，是招攬人才的法寶。劉備能請得諸葛亮出山，原因亦在此。人才常有卻難尋，許多領導者為尋覓人才而苦惱，那不妨也學學燕昭王，懷著真誠的態度，為人才搭建一個「黃金台」。有了可以大展身手，實現抱負的舞臺，還愁沒有人才前來投奔嗎？

十步之間，必有茂草；
十室之邑，必有俊士。

——王符

名言解讀

十步之內，就有繁茂的小草。只有十戶人家的小村莊，也藏著英才俊士。人才，是處處都有的。

名人小檔案：曹操

曹操（西元 155 年－220 年），字孟德，一名吉利，小字阿瞞，沛國譙（今安徽省亳州市）人。中國東漢末年著名的軍事家、政治家及詩人，三國時代魏國的奠基者和主要締造者，死後被追尊為武帝，故也稱魏武帝。

名人故事：唯才是舉

西元 200 年，曹操和袁紹在官渡交戰，史稱「官渡之戰」。戰爭進行得非常艱苦，而曹軍軍糧已經不多。正在曹操一籌莫展時，兵士通報說有一個叫做許攸的謀士前來投奔。許攸本是袁紹的謀士，因為屢次進諫均不被採納，一氣之下棄袁降曹。曹操聽說許攸來降，大喜過望，顧不上穿鞋，光著腳就跑出來迎接，拍著手笑著說：「許攸來降我曹操，此戰我一定能夠取勝。」

入座後，許攸把袁紹軍隊的虛實全盤相告。他還根據當時的形勢，獻上以輕兵襲擊烏巢，斷絕袁紹糧草的計策。許攸的計策，幫助曹操打敗了袁紹。

曹操固然是一代梟雄，然而他能統一中國北方，離不開眾人相助。正是由於曹操堅持「唯才是舉」的方針，不拘一格降人才，才使得麾下謀臣、猛將如雲。在他手下，有從士兵中提拔上來的樂進、典韋，有投降過來的張遼、徐晃，更有從百姓中直接起用的程昱、劉曄，這完全打破封建王朝的門第界限。曹操曾說：「吾任天下之智力，以道馭之，無所不可。」足見人才在他心目中的地位。

💡 孩子從故事裡學到了什麼？

曹操的成功，在於他善於用兵，更在於他善於知人、用人。他唯才是舉，囊括天下英才，故而在龍爭虎鬥的東漢末年脫穎而出。人才，本是處處都有的，關鍵看你如何去發現、任用、提拔。

世有伯樂，然後有千里馬。

——韓愈

名言解讀

世界上正是因為有能夠相馬的伯樂，千里馬才能夠被發現，才能夠有施展的空間。

名人小檔案：劉備

劉備（西元162—223年），字玄德，涿郡（今河北省涿縣）人，漢景帝之子中山靖王劉勝的後代，三國蜀漢的開國君王。西元223年，病逝於白帝城，諡號昭烈帝。

名人故事：伯樂的慧眼

三匹駿馬在隆中的小路上飛奔，這已經是這三個人第三次來到臥龍崗。第一次，他們吃了閉門羹，失望而歸；第二次，三個人冒著大風雪前來，不料主人又出外閒遊，三人只得留下一封書信來意。這三個人就是桃園三結義的劉備、關羽和張飛，而他們要拜訪的正是諸葛孔明。

當時正值漢末，群雄逐鹿，天下大亂。與「挾天子以令諸侯」的曹操和坐擁江東九郡的孫權相比，劉備的勢力十分微弱。他從徐庶和司馬徽處聽說諸葛亮是不可多得的人才，十分希望請他出山輔佐自己。

　　離諸葛亮的草廬還有半里之遙，劉備就下馬步行。三人來到草廬前叩門：「勞煩通報，劉備專來拜見先生。」童子答道：「今日先生雖在家，但今在草堂上晝寢未醒。」劉備忙叫童子不要通報，一直站到諸葛亮醒來，才相見坐談。

　　兩人相見恨晚，談得十分投緣。劉備向諸葛亮請教統一天下的大計，諸葛亮精闢分析了當時的形勢，提出首先奪取荊、益二州作為根據地，聯合孫權抗擊曹操的方案。在談話中，諸葛亮展現出非凡的政治軍事才華，讓劉備十分欣喜。

　　這次探訪讓劉備得到了曠世奇才，在諸葛亮的輔佐下，劉備得以三分天下，成了蜀漢的開國君王。

💡 孩子從故事裡學到了什麼？

　　毫無疑問，擁有經天緯地之才的諸葛亮，是一匹名副其實的「千里馬」，但如果沒有劉備這樣的伯樂，諸葛亮也只能在隆中的小小世界裡困其一生。姜子牙和周文王，管仲和齊桓公，許多歷史都開始於千里馬和伯樂的相遇相知。希望這世間多有伯樂，讓人才多所施展，不至於被埋沒一生。

我勸天公重抖擻，
不拘一格降人材。

——龔自珍

名言解讀

在選拔和任用人才時，不應拘泥於一種模式，而應打破常規，有所創新。只有這樣，才能創造出更加生機勃勃的局面。

名人小檔案：龔自珍

龔自珍（西元 1792 — 1841 年），字爾玉，更名易簡，字伯定；又更名鞏祚，號定盦。浙江仁和人。清末思想家、文學家，著有《定庵文集》。

名人故事：用人智慧

當美國柯達公司（Eastman Kodak Company）開始製造感光材料時，遇到了一個難題。因為製作感光材料需要在暗室裡進行，但是視力正常的人進入暗室時便會感到手足無措，屢屢出現失誤，生產效率很低。這個問題困擾柯達的管理階層很久，但始終沒有對策。

有一天一位經理突發奇想：「為什麼不用盲人呢？他們更習慣於黑暗，暗室對他們沒有任何的影響。如果讓盲人來從事這種工作，一定能提高工作的效率！」於是，柯達公司的決策層很快就同意這個大膽的提議。

　　事實證明，在暗室裡工作，盲人遠遠勝過正常人。柯達公司巧用盲人的這一舉動將其短處變為長處，充分表現出用人的智慧。這一改變不僅使長期無法提高的生產效率開始大幅攀升，為公司帶來更大的利潤，且樹立起柯達不拘一格重用人才的良好印象。現在，柯達公司的產品已經遍及全球一百多個國家和地區，這與其用人策略是分不開的。

💡 孩子從故事裡學到了什麼？

　　柯達公司敢用、巧用盲人的做法已經成為管理領域的經典案例之一。如同善用物者手中無廢物一樣，善用人者也會激發出每一個人最大的潛能來。而物盡其用，人盡其才的智慧正蘊藏在短與長、庸與明的轉化之間，聰明的決策者能在其間遊刃有餘。

名言
82

人才那得如金銅，
長在泥沙不速朽。

—— 袁枚

名言解讀

黃金和青銅器可以長埋於泥沙之中而不腐朽，人才則不同，他們需要可以大展身手的機遇。

名人小檔案：袁枚

袁枚（西元 1716 — 1797 年），字子才，號簡齋，晚年自號蒼山居士，錢塘（今浙江杭州）人。清代詩人、詩論家，著作有《小倉山房文集》、《隨園詩話》等。

名人故事：珍惜每一次的機會

李奧納多・達文西 30 多歲時仍然窮困落寞，他苦心創作的一幅幅自認為是傑作的作品卻沒有人欣賞，甚至連麵包也換不回來。為維持生計，達文西不得不來到米蘭，投身在一個公爵的門下，擔任畫匠。

公爵酷愛繪畫，但是他對達文西的畫作並不十分欣賞。他認為，達文西只不過是個一般的畫匠而已。

一年秋天，公爵打算在餐廳一面空白的牆壁上畫上壁畫。達文西得知這個消息後，再三懇求公爵說：「請您把繪製餐廳壁畫的機會留

給我吧，我等待這樣一個創作的機會已經很長時間了。」在達文西的再三懇請下，公爵終於答應把壁畫交給達文西。

接到任務，達文西馬上進入創作的狀態，他每天都要面對那面牆壁很久，一遍一遍的繪製草圖。一連多天，達文西仍然沒有動筆。公爵看到達文西如此費心，就安慰他說：「這不過是餐廳的一幅壁畫，隨便畫一畫就行，不用那麼操勞。」

但是在達文西的眼中，這絕不僅僅是一幅壁畫，而是可以一展才華的機會。他沒有像街頭畫匠那樣按照常規內容匆匆作畫，而是要設計出一幅獨一無二的珍品。

達文西畫得十分謹慎認真，每一筆前都要仔細的考慮很久。他花費3個月的時間完成這幅壁畫。憑藉這幅壁畫，達文西的名氣迅速提升，他的作品得到越來越多人的注意。

幾百年後的今天，公爵的名字已經沒人記得，但那幅畫在公爵餐廳的壁畫卻名揚世界。這幅壁畫的名字，就叫做《最後的晚餐》。

💡 **孩子從故事裡學到了什麼？**

人要揚名立萬，除了自身具備真才實學之外，還需要有機遇的垂青。但機遇可遇不可求，所以一旦遇上就要努力抓住。達文西潦倒半生，最後讓他抓住了一次機遇，一舉成名。人們經常討論成才和機遇之間的關係，達文西的經歷告訴我們，成功固然需要被給予機會，但更重要的還是自己把握機遇的能力。

名言 83 智士者，國之器。

—— 劉向

名言解讀

具有雄才大略的人才，是國家存在和強大的保證。

名人小檔案：劉向

劉向（約西元前77－前6年），原名更生，字子政，沛縣（今屬江蘇）人。西漢經學家、目錄學家、文學家，著有《別錄》，輯錄《楚辭》等。

名人故事：得人才者，得天下

殷商末年，長期的戰爭使國家耗資巨大，商紂王的殘暴統治更加重了商朝人民的負擔，人民的痛苦越來越深。

陝西渭水邊，有一個叫做姜子牙的老人。他隱居在此，等待時機，等待一個改變自己和天下命運的機會。

姜子牙每天都要到渭水河畔垂釣。一般人釣魚，都是用彎鉤，上面掛著有香味的餌食，把它沉在水裡，誘騙魚兒上鉤。但姜子牙的釣鉤卻是直的，上面也不掛魚餌，並且離水面三尺高。之所以如此，是因為他垂釣之意並不在魚，而在於那些能識人才的王侯。

沒過多久，姜子牙奇怪的行為就傳到周文王姬昌那裡。姬昌先是派一名士兵去叫他。姜子牙並不理睬，自言自語道：「釣啊，釣啊，魚兒不上鉤，蝦兒來胡鬧！」

　　姬昌又改派一名大臣去請，姜子牙依然不理，邊釣邊說：「釣啊，釣啊，大魚不上鉤，小魚別胡鬧！」

　　姬昌這才意識到，這個釣者必是位賢才，得親自去請。於是他吃素三天，換上乾淨的衣服，帶著厚禮前往渭水邊，這才請得姜子牙。

　　後來，姜尚輔佐文王，興邦立國，還幫助文王的兒子武王姬發，滅掉商朝，實現了建功立業的願望。

💡 孩子從故事裡學到了什麼？

　　智士者，國之器。正是因為尋找到姜子牙這樣的國器，西周才能以一隅之力而取天下。古往今來，得人才而能善用的領導者常能所向披靡。在現代的社會中，人才更是推動社會進步的決定性力量，具有強大的人才庫，就能在競爭中脫穎而出，佔據制高點。

孩子，我想跟你說……

乖一點！
別使性子啦！

智慧

讓孩子積極認識自我與
同儕！

名言 84

大勇若怯，大智若愚。

—— 蘇軾

名言解讀

真正勇敢的人懂得沉著冷靜，平時表現出好像很怯懦的樣子；才智很高的人懂得不露鋒芒，表面上看好像很愚笨的樣子。

名人小檔案：王翦

王翦，生卒年不詳，頻陽東鄉（今陝西省富平縣東北）人，秦代傑出的軍事家，輔助秦始皇統一六國。與白起、廉頗、李牧並稱戰國四大名將。

名人故事：韜光養晦的智慧

秦始皇準備攻打楚國，問手下的將軍們需要多少士兵才夠。大將李信回答說要 20 萬兵士，而老將王翦卻回答：「要 60 萬才夠。」秦始皇以為王翦年紀越大膽子越小，於是派李信率兵出戰。不料李信被殺得七零八落，大敗而歸。秦始皇不得不再次請歸田的王翦出山。

王翦出發當天，秦始皇親自把王翦送到灞上。臨行前，王翦請求秦始皇賞賜良田美宅。秦始皇覺得很奇怪：「將軍即將率大軍出征，何必擔憂生活的貧窮呢？」

王翦說：「臣身為大王的將軍，有功最終也得不到封侯，所以想趁大王委派臣擔當重任時，斗膽請求大王賞賜田宅，作為子孫後代的家業。」

秦始皇大笑，答應了王翦的要求。

王翦率軍抵達潼關後，又屢次派人回朝請求良田美宅。秦始皇都爽快的應允。

手下的心腹勸王翦：「將軍要求封賞的舉動，似乎有些過分。」王翦支開左右，坦誠相告：「我並非貪婪之人，因大王疑心病重，用人不專，現在他把全國的軍隊交給我一人指揮，心中必定有不安。所以我多求田產，名為子孫，實為安大王的心，這樣他就不必疑心我造反。」

可見，王翦不但會帶兵打仗，更深諳為臣之道，深知韜光養晦的智慧。

💡 孩子從故事裡學到了什麼？

鋒芒畢露的李斯、白起都難逃被殺的命運，而只有大智若愚的王翦活到白髮之年。木秀於林，風必摧之；堆出於岸，流必湍之；行高於人，眾必非之。言語行為露鋒芒，容易樹敵，成為前進的阻力。真正的智者，總是在處於巔峰時適時而退，韜光養晦。

三人行，必有我師焉。

—— 《論語》

名言解讀

幾個人走在一起，其中必定有可以做我的老師的人。

名人小檔案：賈島

賈島（西元 779 — 843 年）字閬仙，一作浪仙，範陽（今北京附近）人。早年出家為僧，號無本。著名苦吟詩人，晚唐代表詩人。

名人故事：「推敲」結良師

唐代詩人賈島以苦吟著稱，每一首詩都要苦苦思考，反覆修改，有時甚至幾年才寫出一首滿意的作品。

一次，賈島赴京趕考。他騎在驢背上，一邊走，一邊吟詩，反覆思考昨天所做的詩：「閒居少鄰並，草徑入荒原。鳥宿池邊樹，僧推月下門。過橋分野色，移石動雲根。暫去還來此，幽期不負言。」其中「鳥宿池邊樹，僧推月下門」一句，他覺得很滿意，但是又覺得用「敲」字似乎比「推」字更好。既然是月夜，門應該早已關閉，用「敲」更有幽靜的意境。賈島一時拿不定主意，便在驢背上反覆吟誦，還下意識的用手比劃起推、敲的動作來。賈島奇怪的舉動引來路人驚異的目光，而他卻全然不覺。

　　不知不覺，賈島竟然騎著驢闖進車馬儀仗之中，直到被侍衛拉下驢，賈島才回過神來。這隊車馬正是當時著名的大詩人、吏部侍郎韓愈的儀仗隊。韓愈問清情況，又看了看眼前這個有些奇怪的年輕人，不但沒有責備他，還稱讚他認真做詩的態度。韓愈思考了好一會兒，對賈島說：「我看還是用『敲』字更好些。」

　　因為這一字之緣，兩個人相識並結為朋友，經常一同談論詩文寫作方面的問題，為後人留下一段關於「推敲」的佳話。

💡 孩子從故事裡學到了什麼？

　　賈島因「推敲」二字而結識韓愈這樣一位良師益友。其實，我們身邊有很多可以做我們老師的人。人各有所長，各有所短，只要我們以謙虛的態度，多多求教，就能不斷取長補短，完善自我。

名言 86　與智人同行，必是智慧。

——中國諺語

名言解讀

經常和知識豐富的人在一起，一定能夠從他們的身上學到很多智慧。

名人小檔案：亞瑟·叔本華

亞瑟·叔本華（Arthur Schopenhauer，西元 1788 — 1860 年），德國哲學家。他的哲學思想主要受到康德（Immanuel Kant）的影響，傾向於悲觀主義，著有《論意志的自由》、《論道德的基礎》、《作為意志和表像的世界》等著作。

名人故事：和智者一較高下

1802年的黑格爾已經成為德國哲學界的一面旗幟，甚至是德國哲學的代名詞，聲譽超過同時代所有其他德國哲學家。黑格爾的哲學思想在當時被推崇為普魯士王國的國家哲學。

但一個名不見經傳的年輕人，卻向黑格爾和其哲學思想下了挑戰帖，這個年輕人就是桀驁不馴的叔本華。叔本華推崇康德的哲學思想，這與當時以黑格爾為代表的德國哲學界主流哲學思想相背離。那時，叔本華剛剛獲得柏林大學編外教師的資格不久，但是他卻準備與柏林大學德高望重的黑格爾教授較量一番。

　　柏林大學寬鬆的學術氛圍，為叔本華提供發表哲學思想，與黑格爾一爭高下的機會。叔本華向學校提出和黑格爾在同一時間開課，擺下擂臺，爭奪聽課的學生。當時，柏林大學哲學講壇規定，如果要開課，必須得到黑格爾在講課議定書上的簽字認可。作為「哲學之王」的黑格爾，並沒有因叔本華攻擊自己而為難他，反而以磊落博大的胸懷給叔本華發表觀點的平臺，讓他在柏林大學宣講「黑格爾的哲學，使整個德國知識界的心靈和大腦腐敗」的觀點，自己則在另一個講堂上講授邏輯學和形而上學的觀點。

　　同時授課的結果可想而知，年輕的叔本華並沒有得到多少人的支持。在最後剩下 3 個學生的情況下，叔本華以慘敗收場。但是，這並沒有動搖叔本華的哲學觀點，反而激發他進一步的鑽研和思考。他以黑格爾為標靶，開始認真研究黑格爾的哲學，並用自己的理論對其進行批判。正是在這種批判的過程中，叔本華終於以自己的哲學思想震撼德國，也使自己和黑格爾一樣，躋身德國最偉大的哲學家之列。

💡 孩子從故事裡學到了什麼？

　　叔本華和黑格爾看似對手，其實正是互相促進的益友。年輕的叔本華正是從對黑格爾的哲學的批判中，得到屬於自己的哲學智慧，而成為哲學大家。常言道：「近朱者赤，近墨者黑。」和智者在一起，只要你肯積極的學習和思考，總會有所收穫。

知人者智，自知者明。

—— 老子

名言解讀

能深夠入瞭解別人，稱得上是個聰明人；但只有能夠瞭解自己的人，才能稱得上高明。

名人小檔案：劉邦

劉邦（西元前 256 —前 195 年），字季，沛郡豐邑（現在江蘇豐縣）人。在秦末農民戰爭中，劉邦戰勝項羽，建立西漢王朝，史稱漢高祖。

名人故事：心如明鏡，自勝者強

西元前 202 年，漢高祖劉邦在洛陽的南宮舉行慶功宴。在經歷多年的艱苦戰爭之後，劉邦終於以勝利者的身份登上至高無上的王位。參加慶功宴的也是和他出生入死，一同打下大漢天下的功臣們。

酒過三巡，劉邦突然問在場的大臣們：「各位不要隱瞞我，盡可直言。我得天下，而項羽失天下的原因是什麼呢？」

「因為陛下能夠派遣有才能的人去攻城掠地，並給予立大功者豐厚的封賞，給予他們土地。而項羽正相反，他殺害有功者，懷疑那些有才能的人——這正是項羽失掉天下的原因。」高起、王陵答道。

漢高祖聽後微微點頭說：「你們說得沒錯，但是不夠全面，只說對一個方面。」

大臣們面面相覷，不知道劉邦指的另一方面為何。

　　劉邦看看滿臉疑惑的大臣，說道：「我自知在大帳之內出謀劃策，指揮千里以外的戰爭，這方面我不如張良；平定國家，安撫百姓，供給軍餉，不斷的給軍隊補給，我遠不及蕭何；而聯合眾多的士兵，戰不勝，攻必取，我絕不是韓信的對手。但我能夠發現他們三個豪傑的優點，並讓他們在合適的職位上發揮才能，這就是我取得天下的原因。而反觀項羽，他有範增這樣的謀士，卻不採納其建議，這就是他被我擊敗的原因。」

　　眾大臣聽完劉邦的一番話，紛紛點頭稱是，暗暗佩服劉邦的用人之道。

💡 孩子從故事裡學到了什麼？

　　在楚漢相爭的多半時間內，劉邦都弱於項羽。劉邦之所以能扭轉時勢，以弱勝強，在於他既有知人之智，又有自知之明。人這一生，要真正瞭解一個人不容易，而要透徹的瞭解自己更是難上加難。如果真正能做到知己知彼，那離聖人的境界也不遠了。

孩子，我想跟你說⋯⋯

乖一點！
別使性子啦！

學習

讓孩子突破創新！

學而時習之，不亦說乎？

—— 《論語》

名言解讀

學習並且時常溫習，不也是一件很快樂的事嗎？

名人小檔案：懷素

懷素（西元725年－785年），俗姓錢，字藏真，湖南零陵郡（今湖南零陵縣）人。中國唐代書法家，書史上稱他「零陵僧」或「釋長沙」。他的草書和張旭齊名，後世有「張顛素狂」、「顛張醉素」之稱。

名人故事：反覆中的創新

唐代大書法家懷素少年時因為家裡窮，只能出家當和尚。每日誦經之餘，懷素還很喜歡練習書法。但是因為窮，懷素買不起較貴的紙張，於是他找來木板，在上面塗上白漆，反覆練習書寫。可是塗了漆的板子太光滑，不易著墨，他又開始積極尋找更適合練字的「紙張」。他發現，寺院附近荒地裡種植的芭蕉樹葉子很大，而且易於著墨。懷素欣喜若狂，於是摘下芭蕉葉鋪在桌上當紙用，臨摹學習古人的字帖。

練字是一件枯燥乏味的苦差事，每天都要一遍又一遍的臨摹，但懷素卻樂在其中，反覆的臨摹在他看來正是人生樂事。時間長了，大片的芭蕉葉都被懷素摘光了，而小的葉子又捨不得摘。於是

他乾脆帶著筆墨站在樹前，直接把字寫在鮮葉上，不論嚴寒酷暑，都從未間斷。

後來，懷素又改用漆盤來代替紙張，反覆書寫把漆盤磨得越來越薄，直到穿透。經過長年的刻苦練習，懷素終於練就特有的「狂草」。有人形容他的字「運筆迅速，如驟雨旋風，飛動圓轉，隨手萬變。」他的書作名篇《東陵聖母帖》、《論書帖》，《苦筍帖》流傳至今，仍被眾人稱頌。

💡 孩子從故事裡學到了什麼？

數十年如一日的反覆臨摹、練習，才造就出懷素這個書法大家。練字尚需反覆，知識更應時常溫習，才能消化。而且，溫習不應該只是是簡單的重複，而是一個「再學習」的過程。透過溫習，我們才能掌握知識的精髓，才能運用自如、突破創新。

名言
89

學而不思則罔，
思而不學則殆。

——《論語》

名言解讀

勤奮學習而不用心思考，就會被表像所蒙蔽而陷於迷惑；只是思考而不努力學習，就會因誤入歧途而招致危險。

名人小檔案：維根斯坦

路德維希・維根斯坦（西元 1889 — 1951 年）出生於奧地利，後加入英國籍。著名的哲學家、數理邏輯學家，語言哲學的奠基者，20世紀最有影響的哲學家之一。

名人故事：思考的力量

著名的哲學家維根斯坦曾經就讀於英國劍橋大學。他的導師正是當時著名的大哲學家喬治・愛德華・摩爾（George Edward Moore）。

維根斯坦十分好學，但卻是最讓摩爾頭疼的一個學生。維根斯坦似乎總有問不完的問題，這個喜歡問「為什麼」的學生，讓劍橋大學的哲學課堂，出現了前所未有的局面——以老師講授為主的哲學課，竟成了維根斯坦的個人答疑課。維根斯坦在課堂上向老師提出各種問題，即使在下課後也窮追不捨，跟在摩爾的後面繼續討論。

有一天，摩爾和老朋友——英國著名的哲學家羅素（Bertrand Arthur William Russell）在一起閒聊。當談到學生的情況時，羅素問摩爾：「誰是你最出色的學生？」

「是路德維希・維根斯坦。」摩爾毫不猶豫的回答。

「為什麼這麼肯定？」羅素問。

「因為在所有學生中，只有維根斯坦總是有一大堆的學術問題來問我。他的問題都很有深度，只有在認真思考之後才可能提出那樣的問題。」

摩爾真的沒有說錯。十幾年後，隨著《邏輯哲學論》等巨著的發表，維根斯坦名聲大振，名氣遠遠超過了老師摩爾，甚至超過了大哲學家羅素。

當摩爾和羅素再一次談起維根斯坦時，摩爾問羅素：「你知道我們為什麼會落後於維根斯坦嗎？」

羅素思考一會兒，回答說：「老朋友，因為我們已經提不出什麼問題了，而維根斯坦還有一大堆的問題。他一直在思考，一直在提問，也一直在尋找問題的答案啊。」

💡 孩子從故事裡學到了什麼？

維根斯坦的成才經歷，正是對「學而不思則罔，思而不學則殆」這條古訓的完美詮釋。我們也應該把學習和思考結合起來，時刻保持一顆好奇心，永不滿足，不斷思考，才能不斷進步。

吾生也有涯，而知也無涯。

—— 莊子

名言解讀

我的生命是有盡頭的，然而知識卻是無窮無盡的。

名人小檔案：柴契爾

瑪格麗特・希爾達・柴契爾（Margaret Hilda Thatcher, Baroness Thatcher，西元 1925 年－）出生於英格蘭林肯郡格蘭瑟姆市，在牛津大學獲得理學學士和文學碩士學位。1979年，柴契爾出任英國首相，並在 1983 年和 1987 年取得連任， 1992 年被封為終身貴族。

名人故事：學無止境的「鐵娘子」

英國前首相柴契爾夫人，是歐洲首位女首相，因為雷厲風行的作風和鋼鐵般堅定的意志，她被人們稱為「鐵娘子」。也正是這種作風和意志，柴契爾在其一生中都保持著旺盛的精力和進取心。

柴契爾的父親是一位有著遠大志向的人，他的人格魅力和政治信念深深影響著柴契爾。正因如此，柴契爾雖然生活在小鎮格蘭瑟姆，卻有著遠大的奮鬥目標。

初到牛津大學時，柴契爾濃重的鄉音常被同學們嘲笑。但是她並不在乎，把更多的時間用來學習。柴契爾每天泡在圖書館裡，似乎總是有忙不完的事情。從那時起，柴契爾就養成了一個習慣，她每天都學習到深夜，有時候凌晨四點才睡，只睡五、六個小時。在當選首相後，柴契爾仍然保持著這個習慣。

　　柴契爾從牛津化學系畢業後，在化學公司擔任研究員，但她始終沒有放棄政治理想。在大學裡參加政治社團的經歷讓她發現，如果要實現從政夢想，就必須掌握豐富的法律知識。而成為律師，也會讓從政之路更加的順暢。於是她利用工作之餘，專攻法律。1953年，柴契爾得到林肯律師協會的批准，成為一名精通稅務法的律師。

　　柴契爾的律師身份和參加黨派活動的經歷，使她成功步入政壇，最終當選為英國首相。當選後，她所要面對的是全新的課題，但柴契爾憑藉著聰慧和勤奮，不斷學習政治、外交、軍事等多方面的知識，很快就適應了新角色，成為一位成功的女政治家。

💡 孩子從故事裡學到了什麼？

　　從化學到法律，再到外交，柴契爾透過學習不斷提高和完善自己，不斷適應著新角色。吾生也有涯，而知也無涯。人的時間和生命是有限的，然而知識是一片海洋；即使我們無法遊遍所有的海域，但有生之年我們絕不停止探索的航程，「學無止境」就是這個道理。

學習，讓孩子突破創新！

名言 91 敏而好學，不恥下問。

——孔子

名言解讀

聰明而好學，即使向那些學問或地位不如自己的人請教，也沒有什麼不好意思的。

名人小檔案：孔子

孔子（西元前 551 —前 479 年），名丘，字仲尼。春秋後期魯國（今山東省曲阜市）人。孔子是春秋末期偉大的思想家、政治家、教育家，儒家思想的創始人，被後世尊為「至聖」、「萬世師表」。他的思想及學說對後世產生了極其深遠的影響。

名人故事：謙卑的聖人

春秋時期，孔子和幾個弟子驅車來到宋國。車隊來到一個十字路口時，一個小孩攔住了他們的去路。於是，孔子的弟子子路走過去問個究竟，小孩說：「我這裡有座城池，你們怎麼能過去呀？」子路笑道：「這平坦的路上，哪有什麼城啊？」小孩抬手一指：「看，那不就是嗎？」子路一看，那個哪裡是座城池，分明是用土堆的一個大圓圈。

小孩理直氣壯的說：「你們是知書達禮的人，請問，是車讓城還是城讓車呀？」「當然車讓城啦。」小孩指著土城說：「那麼，我這有座城池，你怎麼能駕車過去呢？」孔子頓時無話可答，只得好言好語的和這個頑皮的小孩商量：「你能不能把『城』拆掉讓我們過去

呀？」小孩答道：「俗話說：『有理走遍天下，無理寸步難行。』哪有拆城讓車的道理？」孔子很為難，急得在原地來回踱步。

小孩見孔子急得直轉圈，就說：「我剛才講了，我們要以理服人，你如果肯叫我老師，我就能既不拆『城』又可以讓車過去。」於是孔子走到小孩面前，恭敬的施禮叫了聲：「老師。」

小孩開心的說：「這其實很簡單，您在城外叫門，我把城門打開，車就能過去啦！」

孔子恍然大悟，頓時既感到又慚愧又敬佩。

💡 孩子從故事裡學到了什麼？

《三字經》裡稱讚孔子：「昔仲尼，師項橐，古聖賢，尚勤學。」像孔子這樣的大學問家在遇到困惑時，都能向一個小孩子請教，我們這些凡夫俗子又有什麼可羞愧的呢？學問不分長幼，只要別人比我們更有才學，我們都應虛心請教，才能不斷提高和完善自己。

名言 92

學然後知不足，
教然後知困。

——《禮記》

名言解讀

透過親身學習，才能知道自己的不足之處；透過教導別人，才能瞭解自己困惑的地方。

名著小檔案：《禮記》

《禮記》是戰國至秦漢年間，儒家學者解釋說明經書《儀禮》的文章選集，是一部儒家思想的資料彙編，集中體現了先秦儒家的政治、哲學和倫理思想，是研究先秦社會的重要資料。

名人故事：彌補不足

北宋時期，蘇軾和蘇轍兩兄弟從小在一起讀書。兩人天資聰慧，功課也很好，不免有些自負。

有一天，小雨過後，蘇軾和蘇轍登上山頭，看到傾瀉而下的瀑布，真的如同銀河落入人間。兩個人苦苦思索，卻始終難以找到與之匹配的優美詞句，來描繪這般優美的景色。蘇軾對弟弟說：「我們看到這樣的美景，卻無法想出詩句來，可是大詩人王維卻能用『空山新雨後，天氣晚來秋』十字描寫出意境，真是太了不起了。」蘇轍很同意哥哥的說法，兩人開始品評前朝詩人寫景的名句，越想越覺得自己和前朝大詩人們的差距還很大。

傍晚，蘇軾和蘇轍回到家裡，把白天做的對聯拿給父親看。只見上面寫著：「識遍天下字，讀盡天下書。」蘇洵一看，歎道：「好大的口氣啊。我今天剛讀完一本書，你們給我講一下吧。」隨即拿出一本書遞給兩個兒子。蘇軾和蘇轍一看，頓時啞口無言。他們根本看不懂這本書，甚至連書中的字都認不全。兩人馬上意識到剛才寫的對聯實在太自大了，於是馬上向父親承認錯誤，並將之前的對聯修改為：「發憤識遍天下字，立志讀盡天下書。」父親看到兒子已經醒悟，便說：「孩子，有遠大的志向是好的，但是學海無涯，你們要學習的東西還有很多很多啊。」聯想白天的事情，他們明白，自己無法像前朝的大詩人那樣寫出好的詩句，正是因為書讀得不夠多，感悟也不夠深。

經過這次的教訓，兩兄弟安下心來勤學苦練，雙雙成為北宋著名的文人和學者。

💡 孩子從故事裡學到了什麼？

「半瓶水，響叮噹。」青少年年輕氣盛，學到一點東西就如裝了半滿的瓶子飄飄然，蘇氏兄弟亦不能免俗。然而他們能及時發現和反思，勤學苦練之後最終成為裝滿了智慧之水的瓶子。學海無涯，在學習和工作中我們要善於發現自己的不足，更要積極的彌補自己的不足，才能走向成功。

孩子，我想跟你說⋯⋯

乖一點！
別使性子啦！

境界

讓孩子學習克服
逆境的大智慧！

大直若屈，大巧若拙，
大辯若訥。

—— 老子

名言解讀

　　正直的人，往往表現得貌似委曲附和；真正有智慧的人從不張揚，看起來好像很笨拙；而那些善辯的人，言語反而持重，不露鋒芒。

名人小檔案：威廉・亨利・哈里森

　　威廉・亨利・哈里森（William Henry Harrison，西元1773－1841年）生於美國維吉尼亞州查爾斯城縣。1841年3月4日，哈里森就任美國第九任總統，但在幾星期後就因罹患肺炎逝世，成為美國第一位在任職期間逝世的總統。

名人故事：五分硬幣的大智慧

　　美國第九任總統哈里森小時候家裡很窮。他性格文靜內向，沉默寡言，甚至有些木訥。鎮上人都認為他是個傻孩子，常常拿他開玩笑。鎮上的大人們故意作弄他，拿一枚一角銀幣和一枚五分硬幣放在他面前，然後讓他從中任取一枚。哈里森每次都去揀那個五分的硬幣。他的愚蠢行為每次都會引起人們哄堂大笑。這個選硬幣的遊戲，成了小鎮上人們的消遣活動。

鎮上的每個人都嘲笑哈里森是個傻瓜，竟然分不清一角和五分哪個面值大。大人們還常常拿他來教育家裡的孩子要努力學習，不然就會變得和哈里森一樣笨。

一位好心的婦女實在可憐他，就對他說：「傻孩子，你難道真的不知道哪個比較值錢嗎？下次不要去揀那個五分的，一角的更值錢。」

哈里森聽完，向好心的婦人鞠躬：「謝謝您，夫人。我當然知道一角的銀幣更值錢。但是如果我去揀一角的銀幣，就不會再有人找我玩這個遊戲了，那我豈不是連五分錢都得不到了嗎？」

💡孩子從故事裡學到了什麼？

哈里森的故事，完美的詮釋了「大智若愚」的理念。在哈里森那看似有些木訥的外表下，卻藏著充滿智慧的心。的確，真正有智慧、有修養的人總是毫不張揚，他們韜光養晦、伺機而動。這也提醒我們，千萬不可以貌取人。

至人無己，神人無功，聖人無名。

——莊子

名言解讀

至人泯滅物我的界限，不再有「我」的概念；神人順應自然，拋棄「功業」的概念；而聖人深明事理，完全拋棄「聲名」的桎梏。

名人小檔案：達爾文

達爾文（Charles Robert Darwin，西元 1809 — 1882 年），英國傑出的生物學家。1859年，他在《物種起源》一書中集中闡述了生物進化的概念，震動了當時的學術界，對後世產生了深遠的影響。

名人故事：聖人無名

早在1839年，生物學家達爾文就已完成了對進化論觀點的總結，並將其寫成手稿。但是，他並沒有急於將研究成果公諸於世，而是繼續考察、驗證，不斷充實論據和論點。

1858 年的一天，達爾文收到科學家阿弗雷德・羅素・華萊士（Alfred Russel Wallace）從馬來西亞寄來的一封信和一篇學術論文。此時達爾文正在準備發表研究成果，但是在看完華萊士寄來的學術論文後，他打算放棄這個計畫。

原來華萊士寄來的那篇論文，無論是研究的題目，還是得出的結論都和達爾文的論文完全一樣。達爾文打算退讓，將「進化論創始人」的榮譽給予科學家華萊士。在寫給好友地質學家賴耶爾博士的信中，達爾文寫到：「我寧願將我的全書付之一炬，也不願華萊士或任何人認為我待人接物不光明磊落。」賴耶爾博士在回信中極力勸說達爾文放棄焚稿的想法，最後，達爾文才同意以自己和華萊士共同的名義，向英國倫敦林奈學會（Linnean Society of London）提交研究成果。

當華萊士事後得知達爾文早在 20 年前就已提出進化論時，他對達爾文越發欽佩。華萊士還曾對朋友表示：「達爾文無論是在學術上還是在人品上，都高出我一籌啊！」

💡 孩子從故事裡學到了什麼？

在達爾文眼裡，進化論創始人的名銜並不重要，人類對自然界的探索以及取得的進步和成果才是最重要的。達爾文雖然稱不上聖人，但他不求聲名甚至不惜焚稿的舉動，卻極合「聖人無名」的古訓。聲名利祿都不過是過眼的雲煙，只有真理長存不朽！

名言
96
仁者無敵。

——孟子

名言解讀

有仁愛之心的人，能夠長久立於不敗之地。

名人小檔案：晉文公

晉文公（西元前636－前628年），名重耳，春秋時晉國國君，是春秋時期著名的政治家，與齊桓公齊名，春秋五霸之一。

名人故事：「仁」的力量

春秋時期，晉國發生內亂，公子重耳出逃，開始了他輾轉列國、顛沛流離的生活。

當重耳逃亡到楚國的時候，楚成王以禮相待，將重耳奉為上賓。一天，楚成王設宴款待重耳。兩人觥籌交錯，談得很投緣，楚成王問重耳：「如果有一天，你能夠成功的重回晉國，並當上國君，你打算怎麼報答我呢？」

重耳略加思索，回答說：「美女侍從、珍寶絲綢，大王您並不缺少；楚地更是盛產珍禽獸皮的地方，小小的晉國哪有什麼稀世珍寶獻給大王呢？要是真如您所說，我能回國當政，我願與貴國修好。萬一兩國發生戰爭，我一定命令軍隊先退避九十里。」

四年之後，重耳結束十幾年的流亡生活回到晉國，成為晉國的國君。西元前633年，晉國和楚國之間真的發生了戰爭。晉文公履行當年對楚成王許下的諾言，下令軍隊全部後退九十里，在城濮駐紮。謀

士們紛紛表示反對，認為這樣做只會貽誤戰機。但是晉文公卻表示如若此時違背諾言，就會在道義上先敗一仗。

　　楚軍見到晉軍後退，以為是晉軍畏縮害怕，於是馬上追擊。而晉軍則充分利用楚軍驕傲輕敵的弱點，以逸待勞，擊敗了強大的楚軍，取得城濮之戰的勝利，為晉國稱霸中原奠定了基礎。

💡 **孩子從故事裡學到了什麼？**

　　晉文公退避九十里，既是對諾言的兌現，又體現了晉國不願輕啟戰端的仁者之心，而最後打敗好戰卻輕敵的楚軍，亦可以說是仁義的勝利。刀槍可以傷人，戰車可以攻城，而仁義的力量卻勝過千軍萬馬。「仁」，可以化矛盾於細微，解干戈於無形，雖是最柔和的態度，卻有著最強大的力量。

上善若水。

——老子

名言解讀

世界上最偉大的人就像水一般：如水般與世無爭，如水般甘居下位，如水般包容萬物。

名人小檔案：韓琦

韓琦（西元1008－1075年），字稚圭，自號贛叟，相州安陽（今屬河南）人，北宋政治家、名將。

名人故事：如水般的處世智慧

北宋時期，韓琦長期擔任宰相職務，他為人正直，向上敢於諍言讜議，對待下屬則平和寬容。

有一次，韓琦正在伏案辦公，一名侍衛手執蠟燭為他照明。侍衛一恍神，燭火燒到韓琦鬢角的頭髮。韓琦什麼也沒說，只是用袖子蹭蹭，又繼續低頭工作。過了一會兒，韓琦抬頭發現拿蠟燭的侍衛換了人。他馬上把侍衛長叫過來，囑咐他不要責罰剛剛恍神的侍衛。韓琦身為丞相，處理那麼多國家大事，竟會為一個小小的衛士開脫！軍中的將士得知此事後，無不感動。

韓琦府中有兩隻玉杯，是稀世珍寶，價值連城。韓琦非常珍愛，每次使用時都小心翼翼。結果在一次宴會上，一個下級官吏不小心把其中一隻摔得粉碎。在座的官吏全都嚇得不敢出聲，那個官吏更是嚇得趴在地上請罪。可韓琦卻笑著扶起他，說：「大凡寶物，是成是

毀，都是定數。現在只剩一隻，豈不更加寶貴？你不過是偶然失手，有什麼罪可言呢？」韓琦此言一出，立刻博得眾人的讚歎，打碎玉杯的官吏更是感激涕零。

後人評價韓琦時稱他「器量過人」。韓琦雖然身居高位，功勞赫赫，卻從不沾沾自喜；身處官場，卻從不勾心鬥角。其中的奧祕正如他自己所說的：「天下之事，沒有完全盡如人意的，一定要用善良、平和的心態去對待。」

💡 孩子從故事裡學到了什麼？

韓琦身處政治鬥爭的漩渦中，卻能保持善良、平和的心態，實為不易。正是這「水」一般的品德和智慧，為韓琦贏得了身前身後名。水中有人生的哲理，有我們受用一生的寶藏。我們要學習水的明澈，寧靜致遠；要學習水的柔軟，隨遇而安；要學習水的靈活，因時而動。

名言
98

天地變化，草木蕃；
天地閉，賢人隱。

——《易經》

名言解讀

天地交互變化，草木就會茂盛；天地阻隔不通，賢人就會歸隱。

名人小檔案：魏徵

魏徵（西元 580 — 643 年）字玄成，巨鹿下曲陽（今河北晉州）人。唐朝初期傑出的政治家和歷史學家，以剛直不阿、敢於進諫聞名。

名人故事：盛世出賢臣

「玄武門之變」前，魏徵曾經勸說太子建成除掉當時還是秦王的李世民。但當唐太宗李世民登基後，他不但沒有殺掉魏徵，還十分欣賞魏徵直爽的性格和過人的膽識，提拔他擔任建議大夫。

魏徵果然不辱使命，對朝廷大事都考慮得很周全。看到太宗皇帝有做得不妥的地方，大至國家大事，小至太宗納妃，魏徵都要進諫力爭。即使在唐太宗大怒之際，魏徵也敢犯顏直諫，據理力爭。

一次，唐太宗怒氣衝衝的回到內宮，對長孫皇后說：「總有一天，我要砍掉這個鄉巴佬的頭！」

長孫皇后不知道是誰惹皇帝發這麼大的火，就問：「不知陛下要殺誰？」

「還不是那個魏徵！今天在朝堂之上，他和朕爭得面紅耳赤，真是膽大包天！」

長孫皇后聽完，說：「我要恭喜陛下。只有英明的天子，才能得到正直的賢臣。現在陛下有魏徵這樣的賢臣，正是說明陛下英明。」

唐太宗曾經說：「用銅鏡可以檢查衣帽是否整齊；用歷史作鏡子，可以看到國家興亡的軌跡。魏徵就是我的一面鏡子，可以發現朕做得是對還是錯。」正是因為有唐太宗這樣胸懷寬廣、虛懷納諫的明君，才成就了魏徵「直言進諫」的美名。

💡 孩子從故事裡學到了什麼？

天地閉，賢人隱；天地開，賢者出。唐初積極、清明的政治氛圍，唐太宗的寬容、進取之心，使得魏徵的這樣的直臣、賢臣大量湧現，君臣關係如魚得水，共同開創出唐朝的盛世局面。現代社會，只有搭建一個有利於人才發展和發揮的平台，並以包容的心態加以鼓勵，才能引得「鳳凰來巢」，創出一番大事業。

孩子，我想跟你說……

乖一點！
別使性子啦！

自然

讓孩子尊重、
愛護環境！

名言99 天地有大美而不言。

—— 莊子

名言解讀

天地之間美不勝收，是無法用言語來表達的。我們應懷著虔誠的心意，尊敬並保護大自然。

名人小檔案：旺加里・馬塔伊

旺加里・馬塔伊（Wangari Muta Maathai，西元1940年—）是肯亞的社會活動家，2004年諾貝爾和平獎得主。是綠帶運動和非洲減債運動聯盟的發起人。

名人故事：播種綠色的種子

馬塔伊是第一位獲得諾貝爾和平獎的非洲女性。諾貝爾委員會這樣評價她：「我們認為馬塔伊女士是為非洲吶喊的強音，她積極推動和平並改善人民的生活條件。馬塔伊女士始終站在肯亞以及非洲社會、經濟和文化生態可行性發展的前沿。」

馬塔伊出生在肯亞，是中東非第一個擁有博士學位的黑人女性。面對肯亞森林遭到肆意砍伐的現狀，馬塔伊感到十分痛心。為改善這種局面，馬塔伊在1976年成立了環保組織「綠帶運動」，並開始在肯亞各地進行宣傳。「綠帶運動」旨在組織貧困的非洲婦女加入植樹的行列，與非洲大陸日益惡化的環境狀況進行抗爭。其最大的特點在於它不僅僅致力於環境保護，更針對非洲貧困的現狀，為更多的人提供就業的機會。

　　至今，馬塔伊的「綠帶運動」至少已經植樹3000萬棵，並且為上萬人提供了就業的機會。由於「綠帶運動」的成績斐然，許多國家也紛紛效仿馬塔伊的做法，「綠帶運動」如今已經成為一股遍及非洲大陸的奔湧綠色洪流。馬塔伊多次獲得肯亞和國際社會的褒獎，她將自己獲得的獎金，約136萬美元，全部投入到「綠帶運動」中。

　　2004年，馬塔伊得到世界和平事業的最高獎項：諾貝爾和平獎，以表彰她在促進地區和平，提高非洲生存條件方面做出的傑出貢獻。在獲獎後，馬塔伊激動的對媒體說：「環境問題對於和平異常重要，當我們破壞生態環境，造成資源稀缺時，人類就不得不為資源而戰。」而馬塔伊也將為非洲的綠色，為非洲的和平繼續奮鬥下去。

💡 孩子從故事裡學到了什麼？

　　馬塔伊從事著一項偉大的事業，一項利及全人類的事業。人與自然自古就是人們關注的命題；自然為人類提供生存和發展的條件，但當人類肆意索取時，必將受到殘酷的懲罰。珍視自然，保護環境，也就是在珍視我們自己的生命。

人法地，地法天，天法道，道法自然。

—— 老子

名言解讀

人要效法大地能承載萬物，大地要效法天空能包容萬物，天空要效法天道能生養萬物，天道則要效法自然的本原。

名人小檔案：奧爾多·利奧波德

奧爾多·利奧波德（Akdo Leopold，西元 1887 — 1948 年），美國著名的環境保護主義者，長期從事林學和獵物管理研究，創造性的提出「大地倫理學」，《沙鄉年鑑》是他最著名的作品。

名人故事：大地的倫理

利奧波德出生在美國艾奧瓦州伯靈頓市。位於密西西比河畔的伯靈頓有著秀美迷人的自然風光，這讓利奧波德從小就感受到大自然的神奇和包容。

在耶魯讀書時，利奧波德的興趣開始轉移到關於野生動物的研究。經過在美國中部和北部的實地考察，利奧波德寫出《野生動物管理》一書，這讓他成為公認的「保護野生生物之父」。

在後來的研究中，利奧波德越來越認識到尊重自然、保護自然的意義。於是，他開始著力研究生態平衡和生態哲學。在第二次世界大戰期間，利奧波德對多年來的研究心得進行總結，完成了最著名的作

品《沙鄉年鑑》。在書中，他富有創造性的提出「大地倫理」的理論。這是利奧波德關於人與土地關係的思考，是對於大地道德觀念的總結。他把倫理學從人類社會擴大到人與自然的關係方面，主張人類應該以謙卑的態度對待土地，繼而改變以人類為核心的土地觀念。他試圖對人類在自然界的角色進行重新定位：「人類不再是征服者的角色，而只是自然界的一個公民。因此，人類應該對土地承擔應盡的責任和義務。」

在當時，「大地倫理」的觀念並沒有得到太多人的關注，但當現在地球暖化等潛在的環境問題逐漸顯露時，人們才發現，利奧波德早已超越時代，為人類指明了與自然相處的法則。

💡 **孩子從故事裡學到了什麼？**

後人稱利奧波德是「一個熱心的觀察家，一個敏銳的思想家，一個造詣極深的文學巨匠。」透過「大地倫理」理論，我們可以揭示出人與自然相處的真諦：人類應該拋棄狹隘的利己之心，以謙卑的態度，遵循自然的法則，並以感恩的心懷，去實現人與自然的和諧。

國家圖書館出版品預行編目資料

就要好品格—100句教孩子處世的大智慧 /
沙磊 作
-- 初版 -- 臺北市：日月文化（大好書屋），2009[民98]
248 面；17 x 23 公分 --（高 EQ 父母 20）
ISBN 9789866542695 （平裝）
1.德育　2.品格　3.格言　4.通俗作品
528.5　　　　　　　　　　　　　　　98000119

就要好品格－ 100 句教孩子處世的大智慧

作者：沙磊
總編輯：胡芳芳
執行編輯：俞聖柔
特約美編：黃冠穎

董事長：洪祺祥
社長：蕭豔秋
出版：日月文化出版股份有限公司
製作：大好書屋出版股份有限公司
地址：台北市信義路三段151號9樓
電話：(02)2708-5509　傳真：(02)2708-6157
E-mail：service@helipolis.com.tw
日月文化網路書店：http://www.ezbooks.com.tw
郵撥帳號：19716071　日月文化出版股份有限公司
法律顧問：林穆弘
財務顧問：蕭聰傑
總經銷：大和書報圖書股份有限公司
電話：(02)8990-2588　傳真：(02)2299-7900
印刷：禾耕彩色印刷事業股份有限公司
排版：千霏
初版：2009年2月
定價：220元
ISBN：9789866542695

感謝您購買 ＿＿＿＿＿＿＿ 就要好品格 ＿＿＿＿＿＿＿ （書名）

為提供完整服務與快速資訊，請詳細填寫下列資料，傳真至02-2708-5182
或免貼郵票寄回，我們將不定期提供您新書資訊及最新優惠。

- -

1. 姓名：＿＿＿＿＿＿＿＿＿＿＿＿＿

2. 性別：□ 男　□ 女　　生日：＿＿＿ 年 ＿＿＿ 月 ＿＿＿ 日

3. 電話：(日)＿＿＿＿＿＿＿＿＿　(夜)＿＿＿＿＿＿＿＿＿

　(手機) ＿＿＿＿＿＿＿＿＿＿＿　(請務必填寫1種聯絡方式)

4. 地址：□□□＿＿＿＿＿＿＿＿＿＿＿＿＿＿＿＿＿＿＿＿＿＿

5. 電子信箱：＿＿＿＿＿＿＿＿＿＿＿＿＿＿＿＿＿＿＿＿＿＿

6. 您從何處購買本書：＿＿＿＿＿＿ 縣/市 ＿＿＿＿＿＿ 書店

7. 您的職業：□製造　□金融　□軍公教　□服務　□資訊　□傳播　□學生
　　　　　　□自由業　□其他

8. 您從何處得知這本書的消息：□書店　□網路　□報紙　□雜誌　□廣播
　　　　　　　　　　　　　　□電視　□他人推薦

9. 您通常以何種方式購書：□書店　□網路　□傳真訂購　□郵政劃撥　□其他

10. 您對本書的評價：(1. 非常滿意2. 滿意3. 普通4. 不滿意5. 非常不滿意)

　　書名＿＿　內容 ＿＿　封面設計＿＿　版面編排＿＿　文/譯筆 ＿＿

11. 請給我們建議：

＿＿＿＿＿＿＿＿＿＿＿＿＿＿＿＿＿＿＿＿＿＿＿＿＿＿＿＿＿＿

＿＿＿＿＿＿＿＿＿＿＿＿＿＿＿＿＿＿＿＿＿＿＿＿＿＿＿＿＿＿

日月文化集團 HELIOPOLIS

服務專線 02-27086157
服務傳真 02-27085182
服務信箱 service@heliopolis.com.tw

廣告回函
台灣北區郵政管理局登記證
北台字第 000370 號
免 貼 郵 票

讀者服務部　收

10658　台北市信義路三段 151 號 9 樓

www.ezbooks.com.tw

對折黏貼後，即可直接郵寄

日月文化集團之友長期獨享購書 8 折（單筆購書未滿 500 元需加付郵資 60 元），並享有各項專屬活動及特殊優惠！

成為日月文化之友的兩個方法：

・完整填寫書後的讀友回函卡，傳真或郵寄（免付郵資）給我們。
・登入日月文化網路書店 www.ezbooks.com.tw 完成加入會員。

直接購書的方法：

劃撥帳號：19716071　　戶名：日月文化出版股份有限公司

（於劃撥單通訊欄註明姓名、地址、聯絡電話、電子郵件、購買明細即可）

 大好書屋
唐莊文化
寶鼎出版
山岳文化
易說館
 EZ TALK 美語會話誌　　EZ Basic 基本美語誌　　EZ Japan 流行日語會話誌

生命，因閱讀而大好！

生命，因閱讀而大好！